Abdulrazak Yahya Saleh

# Algoritmos evolutivos multiobjectivo de redes neuronais de espigões

Abdulrazak Yahya Saleh

# Algoritmos evolutivos multiobjectivo de redes neuronais de espigões

ScienciaScripts

**Imprint**
Any brand names and product names mentioned in this book are subject to trademark, brand or patent protection and are trademarks or registered trademarks of their respective holders. The use of brand names, product names, common names, trade names, product descriptions etc. even without a particular marking in this work is in no way to be construed to mean that such names may be regarded as unrestricted in respect of trademark and brand protection legislation and could thus be used by anyone.

Cover image: www.ingimage.com

This book is a translation from the original published under ISBN 978-3-330-33268-3.

Publisher:
Sciencia Scripts
is a trademark of
Dodo Books Indian Ocean Ltd. and OmniScriptum S.R.L publishing group

120 High Road, East Finchley, London, N2 9ED, United Kingdom
Str. Armeneasca 28/1, office 1, Chisinau MD-2012, Republic of Moldova, Europe
Managing Directors: Ieva Konstantinova, Victoria Ursu
info@omniscriptum.com

Printed at: see last page
**ISBN: 978-620-8-55747-8**

Resumo do conteúdo

# SAIR

Antes de mais, todos os meus louvores e agradecimentos vão para Deus, que me abençoou com saúde e resistência, que dependem essencialmente d'Ele.

Estou muito grato à minha orientadora principal, a Professora Siti Mariyam Shamsuddin. Gostaria de lhe expressar a minha sincera gratidão pelos seus conselhos amigáveis e pela sua inspiração, que tornaram possível esta investigação. A sua personalidade, entusiasmo, paciência e espírito intelectual fizeram dela uma óptima supervisora e um modelo inestimável para a minha carreira profissional.

Estou também grato ao meu co-orientador, Dr. Haza Nuzly Bin Abdull Hamed, pelos seus conselhos e comentários inestimáveis e por partilhar os seus conhecimentos sobre a Rede Neural Spiking. Agradeço-lhe, em particular, a sua generosa ajuda ao longo deste estudo.

Além disso, estou muito grato à minha família pelo seu apoio e encorajamento incondicional ao longo deste trabalho de investigação. Os meus sinceros agradecimentos vão também para o UTM Big Data Center, o Soft Computing Research Group (SCRG), a Universiti Teknologi Malaysia (UTM); a Faculdade FSKPM, a University of Malaysia Sarawak (UNIMAS) e todos os meus colegas pelo seu apoio e comentários perspicazes que tornaram este estudo um sucesso. As vossas opiniões e conselhos são realmente úteis. Infelizmente, não é possível enumerá-los todos neste espaço limitado.

# Capítulo 1

# INTRODUÇÃO

A classificação de modelos é essencial para vários processos de extração de dados. A classificação é uma das tarefas mais comuns exigidas por um sistema de apoio à decisão [1]. Há muitas áreas da vida em que a classificação é necessária, por exemplo, o diagnóstico médico, a medicina, a ciência, a indústria, o reconhecimento da fala e o reconhecimento da escrita manual. Entre os possíveis classificadores, a Rede Neural de Picos (SNN) desempenha um papel essencial no processamento de informação biológica [2].

As RNAs estão entre os modelos computacionais mais conhecidos do cérebro e resolvem problemas com base em técnicas algorítmicas padrão. As RNA podem ser utilizadas no reconhecimento de padrões, na generalização, na perceção e no controlo não linear. Os potenciais de ação ou picos são responsáveis por toda a comunicação entre os neurónios; no entanto, nos modelos de RNA, os picos individuais são calculados em média ao longo do tempo. Todas as interações são divididas pela taxa média de disparo dos neurónios. Além disso, são computacionalmente mais eficientes do que as RNAs que utilizam a taxa média de disparo [3].

Devido à sua eficácia nas RNA, o modelo do neurónio sigmoide é considerado um dos melhores modelos de neurónios biológicos. Várias aplicações importantes das RNA foram desenvolvidas utilizando a modelação da taxa, o que significa que um único neurónio biológico liberta potenciais de ação (picos) como uma função monotonicamente crescente do ajuste de entrada. De outro ponto de vista, foi investigado o poder computacional de picos individuais, uma vez que os neurónios biológicos desencadeiam picos. Bohte et al [4] demonstram que os tempos de pico individuais podem conduzir a uma melhor computação em vez de funções de ativação sigmóides.

As redes neuronais de estimulação (SNNs), a terceira geração de RNAs, desempenham um papel fundamental no processamento de informação biológica [2]. Em comparação com as RNAs, que utilizam a codificação da taxa para representar a atividade neuronal, os modelos de disparo oferecem uma descrição aprofundada do comportamento neuronal biológico. Nos cálculos com neurónios reais, a taxa média de disparo permite utilizar mais informação. Além disso, a diferença nos tempos de disparo pode ser utilizada em vez da codificação da taxa [5].

Embora existam muitos modelos diferentes de SNN, a Evolving Spiking Neural Network (ESNN) é utilizada em grande parte da investigação atual. A ESNN tem várias vantagens atractivas [6] , incluindo: Simplicidade, eficiência, formação por um algoritmo de aprendizagem rápida de uma só vez. O modelo em evolução pode ser atualizado sempre que estiverem disponíveis novos dados, sem necessidade de voltar a treinar os modelos existentes. No entanto, o modelo ESNN é influenciado pela escolha dos parâmetros. A escolha correta dos parâmetros permite que a rede evolua para a melhor estrutura, garantindo assim o melhor resultado. De todas as questões que têm de ser abordadas nas ESNNs, a determinação do número ótimo de neurónios pré-sinápticos para um determinado conjunto de dados é a mais importante [7]. Por estas razões, é necessário encontrar um compromisso ótimo entre a precisão e a estrutura da rede, a fim de determinar a melhor combinação de parâmetros e neurónios pré-sinápticos.

A otimização tem sido utilizada para melhorar o algoritmo ESNN. A otimização multiobjectivo (MOO) pode ser utilizada como uma série de soluções óptimas para estes problemas. Cada solução MOO representa um novo compromisso entre objectivos. O principal objetivo da MOO é melhorar as soluções ESNN óptimas, tanto em termos de estrutura como de precisão de classificação. A abordagem MOO é preferível aos algoritmos de aprendizagem tradicionais pelas seguintes razões. Em primeiro lugar, a utilização de MOO permite obter um bom desempenho destes algoritmos de aprendizagem[8]. Em segundo lugar, são tidos em conta diferentes objectivos na criação de modelos de aprendizagem múltiplos. Por exemplo: exatidão, complexidade [9-11], interpretabilidade e precisão [12], medidas de erro múltiplas [13]. Em terceiro lugar, a utilização de modelos é superior à construção de conjuntos de treino [11, 14, 15]. O objetivo importante do algoritmo MOO é encontrar um conjunto de soluções de entre as quais se escolhe a melhor. De acordo com Tan *et al* [16], os algoritmos evolutivos (EAs) devem ser escolhidos em primeiro lugar para os problemas MOO devido à sua capacidade de procurar soluções óptimas. Os AE têm a capacidade de explorar diferentes partes do algoritmo associado no conjunto ótimo, uma vez que os algoritmos são baseados em populações.

Apesar de apenas um Algoritmo Evolutivo Multi-Objetivo (MOEA) ter sido utilizado para a aprendizagem SpikeProp, a maioria dos trabalhos relacionados que utilizam Algoritmos Genéticos Multi-Objectivos (MOGAs) provém de Yaochu Jin *et al* [17]. Os MOGAs optimizam tanto o desempenho da classificação como a conetividade dos SNNs com codificação de latência. Durante a otimização, tanto o atraso como a ponderação entre os dois neurónios são desenvolvidos. Além disso, minimizam o erro de classificação percentual ou o erro quadrático médio para a otimização do desempenho e minimizam o número de ligações ou a soma dos atrasos para a conetividade, a fim de estudar a influência dos objectivos na conetividade e no desempenho dos SNN. Este é um resultado muito interessante. No entanto, são necessárias mais experiências para verificar esta observação. Não é possível determinar se o erro de classificação deve ser utilizado para a classificação. Mostraram também que a complexidade das SNNs é a mesma quando o número de ligações ou a soma dos atrasos são utilizados para otimizar a conetividade. Este estudo deve ser melhorado para reforçar os seus resultados prometedores.

Para além disso, um dos EAs, o algoritmo de procura de harmonia (HS), foi utilizado para ultrapassar problemas de taxa de convergência na procura do mínimo global do DE [18-20]. De seguida, utilizou-se a retropropagação (BP) para acelerar a convergência, uma abordagem chamada memética.

Em contraste com o estudo já relatado em [17] e outros estudos com um único objetivo [21, 22], este livro centra-se num método multi-objetivo melhorado para obter ESNNs simples e precisas. O método proposto evolui para valores óptimos definidos por múltiplos objectivos com a precisão do modelo e a estrutura da ESNN para melhorar o desempenho em problemas de classificação. As restantes partes deste livro estão organizadas da seguinte forma: Trabalho relacionado e discussão na secção 2, métodos incluindo: Evolving Spiking Neural Network, Multi Objective Differential Evolution são apresentados na secção 3. Além disso, o método proposto Memetic Harmony Search Multi-Objective Differential Evolution with Evolving Spiking Neural Network (MEHSMODE-ESNN), utilizado neste livro, é explicado na secção 4. A configuração experimental é discutida na secção 5, os resultados e a discussão são detalhados na secção 6 e, finalmente, a secção 7 conclui o livro com trabalho futuro.

# Capítulo 2

# TRABALHOS E DEBATES RELACIONADOS

Os algoritmos SNN ultrapassaram as fronteiras entre a biologia e a informática. São utilizados para muitas tarefas, como o reconhecimento de padrões, a classificação, a otimização de procedimentos de controlo, etc. A utilização de MOOs para resolver um problema implica a seleção do modelo e da estrutura adequados da rede e, em seguida, o seu treino. Estas fases requerem frequentemente a interação humana e um esforço computacional significativo até se obter a rede desejada. No caso das SNNs, estas tarefas podem ser ainda mais difíceis, uma vez que os algoritmos de aprendizagem convencionais são limitados.

Foram encontradas muitas propostas para resolver o problema da classificação através da combinação de PSOs e SNNs. Hamed [7] propôs e apresentou muitos métodos para problemas de classificação. Neste estudo, foram considerados problemas de classificação espacial e espácio-temporal, e noutro estudo, Vazquez e Garro [23] demonstraram que as SNNs, como uma nova geração de RNAs, praticamente imitam o comportamento das redes neurais biológicas. Além disso, alguns problemas de reconhecimento de padrões precisam de ser resolvidos com estes modelos neuronais. Neste estudo, os pesos sinápticos de um neurónio spike são adaptados utilizando o algoritmo PSO para uma tarefa de classificação. Mohemmed *et al* [24] apresentaram um método para treinar SNNs com sinapses dinâmicas usando PSO para gerar sequências de picos temporais precisas. Um simples neurónio LIF é utilizado para determinar a semelhança entre a sequência de início real e a sequência de picos alvo. O algoritmo PSO utiliza esta medida como uma função de aptidão para modificar as sinapses dinâmicas até atingir uma sequência de picos de saída alvo quando é dada uma sequência de picos de entrada específica. Hong *et al* [25] propuseram um método PSO cooperativo (CPSO) para a aprendizagem supervisionada. Recomenda-se uma estrutura simples de NN para as experiências. O método baseado no CPSO tem a capacidade de melhorar os atrasos entre neurónios e os pesos dos neurónios.

Os neurónios biológicos podem receber pesos positivos e negativos. As experiências com problemas de referência provam a fiabilidade e a eficiência da aprendizagem do modelo de espirais. Hamed *et al* [26] propuseram um novo método que utiliza ESNN com PSO de inspiração quântica (QiPSO) para o reconhecimento de padrões de cordas. O estudo revela um princípio atrativo do QiPSO na representação de informação binária. A abordagem do envelope é utilizada como um mecanismo para otimizar os parâmetros da ESNN, e as caraterísticas relevantes convergem simultaneamente. O principal problema enfrentado por todos os estudos anteriores é a falta de capacidade para resolver mais do que um objetivo de cada vez.

Outras propostas utilizam métodos híbridos para resolver o mesmo problema. Wang *et al* [27] propuseram um novo algoritmo de aprendizagem em linha para SNNs com uma estrutura dinamicamente adaptável. Este método utiliza uma combinação de aprendizagem não supervisionada e supervisionada.

Num estudo de Yii, The [28], foi proposto um modelo híbrido de um mapa auto-organizável com coordenadas adaptativas modificadas (SOM-AC) e uma SNN para a classificação e visualização de dados espácio-temporais. Bodyanskiy *et al* [29] propuseram um sistema híbrido que é um SNN fuzzy de auto-aprendizagem. Este sistema foi desenvolvido a partir de sistemas de lógica difusa e de SNNs de auto-aprendizagem, e os autores descobriram capacidades computacionais consideráveis. Obtiveram bons resultados para a resolução de problemas especiais, mas nada fizeram para a resolução de conflitos em problemas multiobjectivo.

Outros estudos centraram-se na procura de novos modelos para melhorar o desempenho. Chandra e Naresh Babu [30] questionaram a viabilidade da utilização da rede neural radial wavelet de Spiking (SWRNN) para a classificação de dados de expressão genética. O modelo não linear de integração e disparo é proposto numa nova função Spiking a partir da qual o intervalo entre picos é derivado e utilizado na SWRNN para a classificação de dados de expressão genética. Numa outra direção, Nuntalid *et al*[31] centraram-se na codificação de dados EEG espácio-temporais em fluxos de picos para classificação num classificador SNN utilizando o algoritmo de picos de Ben (BSA). Os autores utilizaram uma arquitetura de reservatório SNN probabilística evolutiva (epSNNr) para aprender os sinais EEG após a transformação BSA.

Além disso, Mohemmed *et al* [32] propuseram uma nova regra de aprendizagem supervisionada para treinar um comportamento preciso de entrada-saída para um neurónio de picos. Os autores treinaram um único neurónio para mapear vários comboios de picos de entrada para diferentes comboios de picos de saída. Os trens de picos são convertidos em funções contínuas por meio de núcleos apropriados e, em seguida, é definida uma regra delta.

A simplicidade algorítmica encorajada na criação de SNNs para problemas técnicos é considerada a principal vantagem do método. Russell *et al* [33] propuseram o modelo M-N, que é um modelo linear de integração e disparo com um limiar dependente da voltagem. Este modelo baseia-se em neurónios com picos. Chun-wei e Hai-jiang [34] propuseram uma SNN mais computacional, a PTSNN, em que os pesos das ligações sinápticas entre neurónios foram fixados em um. Na PTSNN, a posição do PSP no eixo temporal de cada neurónio foi modulada para satisfazer os requisitos de classificação. Esta modulação é conseguida através da afinação do tempo aceite, que coloca o pico da rede no momento correto. O erro entre o tempo real do pico e o tempo esperado foi utilizado para determinar a modulação do peso da PTSNN. Por outro lado, deve ser evitado o cálculo da derivada da função de erro, regularmente utilizado noutras SNNs. Apesar de alguns dos estudos acima serem inovadores, persistem problemas.

Alguns estudos centram-se na análise da estrutura das SNNs para examinar como podem ser melhoradas. Dois estudos em [35, 36] propuseram uma eSNN dinâmica que utiliza sinapses dinâmicas e aprendizagem por classificação de conjuntos para aprender dados espaciais e espetro-temporais (SSTD) em modo online rápido. Howard *et al* [37] centraram-se numa nova integração com a ESNN, proposta para memórias resistivas variáveis. Um estudo realizado por Wang *et al* [38] examinou os actuais algoritmos de aprendizagem em linha e fora de linha para as NNS e salientou o problema de os algoritmos de aprendizagem em linha para as NNS terem sido menos aperfeiçoados. Este estudo abriu novos horizontes na investigação relacionada com a aprendizagem em linha de NNS. Ponulak e Kasin- ski [39] apresentaram um modelo de aprendizagem supervisionada para neurónios plausíveis. Este modelo centra-se no mecanismo dos neurónios que aprendem a reproduzir sinais-modelo codificados em sequências de picos precisamente temporizadas.

Izhikevich [40] estudou uma classe de modelos neurais híbridos que incorporam uma reposição descontínua das variáveis de estado "após o pico" e um mecanismo contínuo de geração de picos. Em comparação com o modelo de Hodgkin-Huxley, o modelo de Izhikevich incorpora certos parâmetros da teoria das bifurcações como alternativa à adaptação da eletrofisiologia neuronal. O autor apresentou um método de reinicialização pós-spike adequado para a implementação em hardware de tais modelos. Além disso, o autor apresentou um método numérico híbrido para grandes simulações de SNN. Schrauwen e Van Campenhout [41] apresentaram uma nova regra de aprendizagem para neurónios spike, que utiliza o modelo geral de codificação população-tempo. Esta regra é estimulada por regras de aprendizagem para RNAs localmente recorrentes. O resultado é uma regra de aprendizagem muito rápida que pode funcionar com uma vasta classe de esquemas de descodificação.

Embora existam poucos estudos sobre o SpikeProp, eles são muito úteis para comparar o SpikeProp com o BP em RNAs. Pukish e Romanyshyn [42] investigaram o facto de as RNAs serem as mais próximas das estruturas neuronais biológicas em comparação com as RNAs de gerações anteriores. Devido à diversidade dos modelos neurais SNN, um grande número de métodos e algoritmos foram desenvolvidos e utilizados para aprender essas redes. Os autores propuseram um modelo SpikeProp, semelhante ao método BP de erro, concebido para redes neurais que utilizam SRM. Ghosh-Dastidar e Adeli [43] apresentaram um novo modelo para uma rede neural de múltiplas sinapses (MuSpiNN). Neste modelo, múltiplas sinapses transmitem informação de um neurónio para outro sob a forma de múltiplos picos. Isto levou ao aperfeiçoamento de um novo algoritmo de aprendizagem supervisionada, chamado multi-SpikeProp, para treinar a MuSpiNN. Além disso, foi efectuado um novo estudo para melhorar o SpikeProp utilizando PSO e uma taxa de aprendizagem dependente do ângulo [44]. Embora apenas um MOEA tenha sido utilizado para a aprendizagem SpikeProp, a maioria dos trabalhos relacionados com a utilização de MOGAs provém de Yaochu n et al [17]. Tanto a conetividade como o desempenho de classificação das SNNs são optimizados utilizando AG multicritério. Durante a otimização, o atraso e o peso entre os dois neurónios são desenvolvidos. Além disso, o erro de classificação é minimizado e o número de ligações é utilizado para estudar a influência dos alvos na conetividade e no desempenho dos SNN. São necessárias mais experiências para verificar esta observação. A principal lacuna deste estudo é a utilização de tipos antigos de modelos neuronais, embora tenha apresentado resultados prometedores. A Tabela 1 apresenta um resumo dos trabalhos relacionados com as SNN.

**Quadro 1:** Resumo da auditoria do SEN

| Author | Method | Model |
| --- | --- | --- |
| Kasabov *et al.* [36] | Authors proposed a dynamic eSNN utilizing dynamic synapses and rank-order learning together for the sake of learning SSTD in a fast, online mode. | Thorpe model |
| Kasabov *et al.* [45] | Authors proposed numerous methods for classification problems. Personalised (individualised) modeling of spatial and spatio-temporal classification problems and prediction of events were included in this study. | Thorpe model |
| Murli *et al.*[46] | Authors presented a new method and a case study on functional magnetic resonance imaging (fMRI) spatio- and spectro-temporal data (SSTD) classification with the use of the NeuCube architecture. | NeuCube architecture |
| Howard, Gerard, *et al.* [37] | Authors focused on new integration with ESNN proposed for variable resistive memories. | (LIF) and (SRM) models |
| Chandra, B.,et al. [30] | Authors discussed and questioned the possibility of utilization of SWRNN for the gene expression data classification. For the sake of in the SWRNN for the classification, a new spiking function has been intended in the non-linear LIF model | SWRNN |
| Jinling Wang *et al.* [27] | Authors proposed a novel online learning algorithm for SNNs with dynamically adaptive structure. This method works by combining unsupervised and supervised training. | STDP learning windows |
| Ahmed et al. [44] | Authors presented several methods for classification problems. Improved Spike Prop for using PSO and angle-driven dependency learning rate is proposed. | SRM |
| Hamed [7] | Authors proposed and presented many methods for classification problems. Spatial and spatio-temporal classification problems have been taken into consideration in the study. A novel integration between ESNN and PSO is proposed for ESNN model optimization. | Thorpe model |
| Yii and Chen[28] | Authors proposed a hybrid model of self-organizing map with modified adaptive coordinates (SOM-AC) and SNN for the classification of spatial- temporal data. | Izhikevic h model |
| Vázquez and Garro[23] | Authors proposed the usage of the PSO algorithm to alter the synaptic weights of a SN for classification. | Izhikevic h model |
| Pukish and Romanyshyn [42] | Authors proposed a SpikeProp which is a similar method to error back-propagation and is designed for neural networks with the SRM | SRM |
| Nuntalid *et al.* [31] | Authors focused on encoding EEG spatio-temporal data into input spike streams for a classification in a SNN classifier via BSA. Authors used evolving probabilistic SNN reservoir (epSNNr) architecture for learning the EEG signals after BSA transformation. | Standard LIF neuron model |

Quadro 1: (continuação)

| Author | Method | Model |
|---|---|---|
| Mo-hemmed *et al.* [32] | A novel supervised learning rule by authors has been proposed for the sake of training a precise input-output behavior to a SN. Authors trained a single neuron to map different multiple input spike trains to different output spike trains. Spike trains are switched into continuous functions via suitable kernels and then Delta rule is set. Algorithmic simplicity promoting to build SNN for engineering problems is considered as the main advantage of the method. | LIF neuron model |
| Mo-hemmed *et al.* [24] | Authors presented a method which aims at training SNN with dynamic synapses using PSO. A simple LIF spiking neuron is utilized to determine the similarity between the target spike sequence and the actual output sequence. | Membrane voltage of a LIF neuron (Tsodyks and Markram's model) |
| Wang *et al.* [38] | Authors reviewed that current online and offline learning algorithms for SNNs, highlighting the problem that online learning algorithms for SNN were less enhanced. This study opened new horizons in research connected to online training of SNN. | SRM model |
| Russell *et al.* [33] | Authors proposed the M–N model, which is a linear integrate- and-fire model with a voltage-dependent threshold. This model depended on spiking neurons. | M–N model |
| Ponulak and Kasinski [39] | Authors presented a supervised learning for plausible neurons model. This model fixes the mechanism of neurons learning to produce again template signals. | Spike timing-based synaptic plasticity model |
| Izhikevich, E. M. [40] | Author reviewed a class of hybrid models of neurons that integrates discontinuous 'after-spike' reset of state variables and a continuous spike-generation mechanisms. Compared to the Hodgkin–Huxley model, the Izhikevich model has a few parameters as an alternative to matching neuronal electrophysiology. | Izhikevich model |
| Hong *et al.* [25] | Authors proposed a cooperative PSO (CPSO) method for supervised learning. An easy neural network structure is suggested for experiments. | Bohte et.al feed-forward SpikeProp |
| Bodyanskiy and Dolotov [47] | Authors proposed a hybrid systems which is self-learning fuzzy SNN. They achieved good results in solving special problems but they did not do anything for solving conflicting multi-objective problems. | A Generalized architecture of self-learning Fuzzy SNN |

Quadro 1: (continuação)

| Author | Method | Model |
|---|---|---|
| Ghosh-Dastidar and Adeli [43] | Authors presented a new model, called multi SNN (MuSpiNN). In this model, multiple synapses transmit information from one neuron to the next as multiple spikes. | SRM model |
| Chun-wei and Hai-jiang [34] | Authors proposed a more computational SNN, PTSNN where the synaptic connection weights between neurons were set to one. In PTSNN, the modulating of the PSP location in timeline of each neuron has been done in order to reach the requirement of classification. | SRM model |
| Hamed *et al.* [48] | Authors proposed a method for string pattern recognition using an ESNN with quantum-inspired PSO (QiPSO). The research uncovers an attractive QiPSO concept by using binary structures for representing information. | Wysoski's model |
| Jin *et al.* [17] | Authors studied multi-objective optimization of SNNs for solving classification by multi-objective GA. Authors were able to optimize connectivity and SNN classification with the latency coding. | SRM model |
| Schrauwen and Campenhout [41] | Authors presented a new SNN learning rule which uses the general population coding model. Thus, this method gives a very fast learning rule that can operate on a wide class of decoding schemes. | SRM model |

Em contraste com as investigações abordadas neste capítulo, este estudo centra-se em vários métodos propostos para obter um modelo ESNN simples (menor número de neurónios pré-sinápticos) e preciso. Os métodos propostos evoluem para valores óptimos definidos por uma série de funções-alvo com precisão de modelo e estrutura ESNN, a fim de melhorar a precisão da classificação para problemas de classificação. Os métodos propostos serão aplicados à solução de sete problemas de classificação de referência do repositório da Universidade da Califórnia, Irvine (UCI).

# Capítulo 3

# MÉTODOS

Esta secção apresenta uma panorâmica dos princípios essenciais da rede neural evolutiva (ESNN) e examina os algoritmos evolutivos utilizados para a melhorar. A primeira parte é uma introdução à ESNN, à codificação dos neurónios, ao método de aprendizagem e à conceção da ESNN e do seu algoritmo. A segunda parte centra-se nos algoritmos utilizados para melhorar a ESNN. São destacados os conceitos e métodos de otimização multiobjectivo (MOO). Em seguida, a literatura centra-se no funcionamento da evolução diferencial, no algoritmo de pesquisa harmoniosa (HS) e na abordagem memética utilizada para melhorar e aumentar o desempenho da classificação.

## 3 . 1 Rede Neural Evolutiva de Estaca (ESNN)

Atualmente, têm sido propostas várias melhorias à SNN. Wysoski melhorou um desses novos modelos, conhecido como Evolving Spiking Neural Network (ESNN) [49]. Em geral, as ESNNs utilizam os princípios dos sistemas conexionistas evolutivos (ECOS), em que os neurónios são criados de forma incremental [35, 50]. As ESNNs podem aprender a partir dos dados de forma incremental, propagando-se de uma só vez através da criação e fusão de neurónios com picos [36], permitindo uma aprendizagem muito rápida numa ESNN [51]. A aprendizagem ESNN tem muitas vantagens, uma vez que pode ser aplicada de forma incremental, é adaptável e é teoricamente "vitalícia". Consequentemente, o sistema pode aprender qualquer novo modelo criando novos neurónios de saída, ligando-os aos neurónios de entrada e fundindo-os com neurónios semelhantes [45]. Este modelo baseia-se em dois princípios: a capacidade de criar novas classes e a fusão de semelhanças. O método de codificação usado para ESNN é a população, como explicado em [4]. A população distribui um único valor de entrada por vários neurónios de entrada, designados por M. Cada neurónio de entrada contém um tempo de disparo como um pico de entrada. A intersecção da função Gaussiana é utilizada para calcular os tempos de disparo que representam o neurónio de entrada *e*. As equações 1 e 2 foram utilizadas para calcular o centro e a largura, respetivamente, com o intervalo variável [Emin, Emax]. A largura de cada campo recetivo Gaussiano é controlada pelo parâmetro B.

$$R = E_{min} + (2 * e - 3) / 2 * (E_{max} - E_{min}) / (M - 2) \quad (1)$$

$$\sigma = 1 / \beta (E_{max} - E_{min}) / (M - 2) where 1 \leq \beta \leq 2 \quad (2)$$

**Algoritmo 1:** Algoritmo de formação da ESNN [52].

**Etapa 1**: *Cálculo do tempo de disparo do neurónio pré-sináptico f a partir da amostra de entrada*

**Passo 2**: *Preparar a inicialização da memória neural R*

**Etapa 3**: *Determinação dos parâmetros ESNN (Sim, Mod e C) entre zonas [0,1] para cada um deles*

**Passo 4**: *para todas as amostras de entrada e atribuídas à mesma classe de saída, fazer*

**Passo 5**: *Determinar o peso de todos os neurónios pré-sinápticos, onde :*

$$w_f = Mod_e^{order(f)}$$

**Passo 6**: *Calcular*

$$PSP_{max}(e) = \sum w_{fe} * Mod_e^{order(f)}$$

**Etapa 7**: *Determinação do limiar PEP*, $\theta = PSP_{max}(e) * C$

**Passo 8**: *Se o vetor de peso treinado for < = Sim do peso treinado em R, então*

**Passo 9**: *Fundir os pesos de limiar e o neurónio mais semelhante*

**step 10**: $w = \dfrac{w(new) + w * T}{T + 1}$

**step 11**: $\theta = \dfrac{\theta(new) + \theta * T}{T + 1}$

*em que N é o número de fusões antes de*

**Passo 12**: *Se não*

**Passo 13**: *Adicionar um novo neurónio ao repositório de neurónios de origem R*

**Passo 14**: *fim do "se*

**Passo 15**: *Fim para (repetir para todas as amostras de entrada para outras classes de saída)*

O modelo de Thorpe [53] é semelhante ao modelo Fast-Integrate-and-Fire utilizado no nosso trabalho.

O modelo de Thorpe mostra que os primeiros picos recebidos por um neurónio recebem uma melhor ponderação.

dependendo dos picos subsequentes. O potencial pós-sináptico (PSP) só é ativado e desativado quando ultrapassa o valor do limiar. O cálculo do PSP do neurónio *e* pode ser representado pela equação 3,

$$\mu_e = \begin{cases} 0 & if \ fired \\ \sum W_{fe} * Mod_e^{order(f)} & otherwise \end{cases} \quad (3)$$

em que $w_{fe}$ é considerado o peso do neurónio pré-sináptico *f;* Mod *e* é o fator paramétrico de modulação com um intervalo de [0,1] e Ordem *(f)* representa a ordem dos picos emitidos pelo neurónio. A ordem *(f)* começa em 0 quando o neurónio é o primeiro de todos os neurónios pré-sinápticos a emitir picos, e aumenta em função do tempo de disparo. Além disso, cada padrão de treino gera um novo neurónio de saída no algoritmo de aprendizagem de passagem única. As etapas de treinamento da ESNN podem ser replicadas usando o Algoritmo 1, como ilustrado na Seção 2 acima. A Figura 1 mostra uma arquitetura simplificada do modelo ESNN, que foi explicada com mais pormenor em [6].

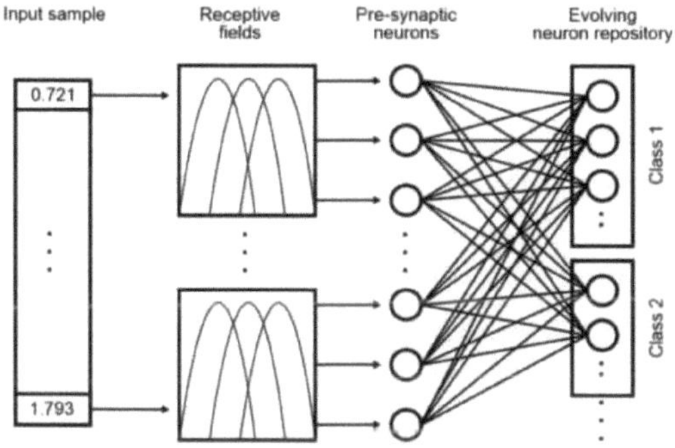


**Fig. 1**: Arquitetura simplificada de uma ESNN [52].

A aprendizagem começa com a inicialização de três parâmetros da ESNN - fator de modulação (*Mod*), fator de proporção (*C*) e valor de similaridade (*Sim*) no intervalo [0, 1]. *Mod* é o fator de modulação do modelo neural de Thorpe. O limiar de combustão *O* é calculado com base no fator de proporcionalidade (*C*) com um valor entre [0, 1]. À medida que o processo de aprendizagem prossegue, cada amostra gera um neurónio de saída. A semelhança dos neurónios de saída é calculada em função da distância euclidiana entre os vectores de peso dos neurónios. O parâmetro *Sim* controla a distância de similaridade. Durante a fase de aprendizagem, o neurónio de saída armazena o peso calculado de todos os neurónios pré-sinápticos, um valor de limiar para determinar quando o neurónio de saída vai disparar e a etiqueta da classe a que pertence a amostra de entrada. Durante a fase de teste, os múltiplos neurónios pré-sinápticos codificam cada amostra de teste em picos. Em seguida, é calculada a PSP dos neurónios de saída da classe. Assim que o neurónio atinge um determinado número de picos e a PSP ultrapassa o valor limite, retira um pico de saída e é desativado. A amostra de teste pertence à classe de saída, definida pelo neurónio de saída que dispara primeiro entre todos os neurónios de saída.

### 3. 2 Evolução diferencial multi-lentes (MODE)

Esta secção aborda os MOO e os algoritmos evolutivos. Em primeiro lugar, é introduzido o conceito de MOO, seguido de uma discussão sobre os principais pontos dos métodos MOO.

De seguida, é explicado o conceito de algoritmos evolutivos (EA), em particular a evolução diferencial (DE). De seguida, explica-se uma breve discussão sobre MOEA para melhorar a DE. Finalmente, o trabalho relacionado com este estudo é discutido em pormenor.

### 3. 2.1 Otimização multiobjectivo (MOO)

A MOO acrescenta um novo conceito aos conceitos de otimização existentes. O processo de otimização sistemática de uma série de funções-alvo em simultâneo é designado por otimização multi-objetivo (MOO) ou otimização vetorial [54]. De acordo com Lu [55], as soluções óptimas obtidas através da otimização de objectivos individuais não são soluções viáveis para o problema multi-objetivo. A maioria dos problemas práticos de otimização exige a otimização sincronizada de mais do que uma função objetivo.

### 3.2.2 Métodos do algoritmo MOO

Os métodos típicos agrupam os objectivos numa função objetivo, tomando uma decisão antes da pesquisa. Por outro lado, os parâmetros desta função são sistematicamente ordenados pelo optimizador. É realizada uma série de ciclos de otimização com diferentes definições de parâmetros, a fim de encontrar uma série de soluções. Este processo é essencialmente independente do algoritmo de otimização primário. Alguns exemplos desta classe de técnicas são o método da ponderação [56], o método das restrições [56] e a programação por objectivos [57]. Em troca destes diferentes métodos, estes três métodos comuns são aqui brevemente discutidos.

#### a. Método de ponderação

Todos os objectivos são multiplicados por um coeficiente de ponderação ($w_i$). Em seguida, todas as novas funções são adicionadas para obter uma função de custo única. Finalmente, o método do objetivo único (OU) pode ser utilizado para resolver esta nova função de custo único. Matematicamente, a nova função pode ser descrita da seguinte forma

$$f(x) = \sum_{i=1}^{I} w_i f_i(x)$$

where $0 \leq w_i \leq 1$ and $\sum_{i=1}^{I} w_i = 1$ (4)

#### b. Método das tensões

O método das restrições baseia-se na transformação de *k-1* dos *k* objectivos em restrições. O objetivo restante, que pode ser escolhido subjetivamente, é a função objetivo SO resultante:

Maximize $$y = f(x) = f_h(x) \qquad (5)$$

Subject to $$e_i(x) = f_i(x) \geq \varepsilon_i \,,\ (1 \leq i \leq I, i \neq h) \,,\ x \in X_f$$

Os limites inferiores, $\varepsilon_i$, são os parâmetros que o optimizador varia para encontrar várias soluções óptimas.

### c. Método de programação por objectivos

De acordo com Philipson e Ravindran [58], a Programação por Objectivos é considerada o método mais conhecido para resolver MOPs. Ele foi originalmente desenvolvido por [59] e [60]. Este método baseia-se na classificação dos objectivos criados pelo projetista. Finalmente, a função SO é considerada como sendo a minimização dos desvios destes objectivos.

## 3.2.3 Algoritmos EA

Os EAs foram utilizados para otimizar os ESNNs utilizados para resolver problemas de aprendizagem de otimização. As medidas de classificação correta são definidas pelo número de verdadeiros positivos (TP) e pelo número de verdadeiros negativos (TN). Além disso, os erros de classificação do classificador são definidos pelo número de falsos positivos (FP) e falsos negativos (FN). Foram utilizados muitos tipos de EA para otimização, mas o algoritmo DE é utilizado neste estudo por várias razões que serão explicadas nas secções seguintes:

### a. Evolução diferencial (DE)

No que diz respeito à otimização global, a DE é considerada uma das ferramentas de otimização global com melhor desempenho na EA [61]. Em comparação com outros optimizadores concorrentes, a DE tem várias vantagens: é muito mais fácil de implementar, o seu desempenho é muito melhor, tem um pequeno número de parâmetros de controlo e uma baixa complexidade espacial [62]. O DE, que pertence à família dos EA, utiliza três fases: Mutação, Cruzamento e Seleção: Mutação, Crossover e Seleção. Na fase de inicialização, uma população de candidatos individuais de dimensão *NVariable* (número de variáveis de decisão no problema de otimização) é gerada aleatoriamente na região viável. Um valor típico para um indivíduo é de cerca de 5 a 10 vezes *Nvariáveis*, para garantir que a DE tem um número suficiente de candidatos para trabalhar. A condição física de cada candidato é avaliada. Destes candidatos individuais, um é selecionado aleatoriamente como candidato-alvo. O algoritmo DE inclui três parâmetros: tamanho da população *Nindivíduos*, constante de mutação *F* e constante de crossover *CR*.

### 3.2.4 O algoritmo MODE

De acordo com Schaffer em [63], o Algoritmo Genético Vetorial (VEGA) é considerado o primeiro algoritmo multi-objetivo proposto na literatura. O VEGA é um algoritmo genético adaptado a um único objetivo com um método de seleção modificado. Muitas revisões da literatura oferecem mais pormenores sobre a história e a melhoria dos algoritmos multi-objectivos com AG, como Zitzler et al [64] e Deb [65]. Ao contrário dos AG, para os quais pode ser utilizada uma codificação binária, as soluções DE são codificadas com valores reais. Mais recentemente, os algoritmos evolutivos foram também adaptados para resolver problemas de otimização com múltiplos objectivos concorrentes, através da aproximação do conjunto de Pareto nesses problemas, como em [66]. Um guia completo para a otimização evolutiva multi-objetivo com DE está disponível em [67].

## 3.3 Algoritmo de pesquisa harmónica

O algoritmo HS foi desenvolvido por Geem [68] e refere-se à procura de harmonia ao tocar música. Na improvisação musical, existem três métodos possíveis: tocar a música original, tocar inspirado na música original e tocar a música de forma aleatória. Geem propôs três medidas para explicar estes métodos: ter em conta a memória harmónica, a aleatoriedade e a adaptação da altura [69].

O algoritmo HS inclui uma série de parâmetros de otimização, por exemplo, Harmony Memory (HM), Harmony Memory Recall Rate (HMCR), Harmony Memory Size (HMS) e Pitch Adaptation Rate (PAR). Para compreender o funcionamento destes parâmetros, a HM armazena basicamente os possíveis vectores disponíveis no espaço. O HMS determina o número de vectores que armazena. Assim, um novo vetor é criado selecionando aleatoriamente os componentes de diferentes vectores em HM [70].

A utilização de HS é necessária porque as melhores harmonias influenciarão a nova memória de harmonia. O valor efetivo do parâmetro reconhecido como a memória de harmonia ou taxa de aceitação ( $r_{accept}$ ) deve estar no intervalo [0,1]. Normalmente, os valores do parâmetro são determinados entre $r_{accep}$ =0,7 e aproximadamente 0,95. Só quando outras harmonias não são bem determinadas é que se podem apresentar soluções erróneas [69, 71].

O segundo método para gerar boas soluções é a chamada técnica de ajuste do passo. Parâmetros como a taxa de ajuste do pitch ($r_{pa}$) e a largura de banda do pitch ($b_{range}$) são geralmente responsáveis pela criação de novas soluções a partir das existentes. Em teoria, o pitch pode ser ajustado linearmente ou não linearmente, mas na prática é utilizado o ajuste linear. Assim, temos

$$X_{new} = X_{old} + b_{range} * \varepsilon \qquad (6)$$

em que $x_{old}$ é a altura atual ou a solução do MH e $x_{new}$ é a nova altura após o ajustamento da altura. Neste caso, uma nova solução é geralmente gerada pela adição de uma pequena quantidade aleatória no intervalo [-1,1] [72].

O terceiro método é a aleatorização, que aumenta a diversidade das soluções de forma semelhante à otimização global. O pseudo-código apresentado a seguir resume os três componentes dos algoritmos HS (HSA) [69]. A probabilidade de aleatorização pode ser indicada da seguinte forma

$$P_{random} = 1 - r_{accept} \qquad (7)$$

e a probabilidade efectiva de ajustamento da altura é dada por

$$P_{pitch} = r_{accept} * r_{pa} \qquad (8)$$

Fig. 2 apresenta o pseudo-código da ASH standard com as várias variáveis de decisão AS.

```
Start
        Fitness function f(x), x=(x1,x2, ...,xd)T
        Create initial harmonics
        Identify pitch adjusting rate (rpa), pitch limits and bandwidth
        Identify harmony memory accepting rate (raccept)
          while ( t< maximum number of iterations)
                Produce new harmonics by accepting best harmonics
                Change pitch to get new harmonics (solutions)
                   if (rand>raccept), select an existing harmonic randomly
                   else if (rand>rpa), change the pitch randomly within limits
                   else produce new harmonics via randomization
                   end if
                Allow the new harmonics (solutions) if better
          end while
        Find the current best solutions[69]
End
```

**Fig.2** Pseudocódigo da HSA padrão [73].

Fig. 3 ilustra o fluxograma da formação SH. O processo de otimização é efectuado para cada banda, como se mostra a seguir:

1) Determinar os parâmetros e inicializar os HMs com soluções aleatórias.
2) Formar uma nova harmonia utilizando o método HSA e escolher o valor a ser definido para cada variável de decisão na harmonia (solução).
    I. **Formação de uma nova harmonia** : O novo resultado a partir dos existentes é gerado aleatoriamente com uma probabilidade de **1 -** $r_{aceitar}$ ou, em alternativa, com uma probabilidade igual a $r_{aceitar}$.

II. **Ajustamento**: as novas caraterísticas de harmonia são actualizadas pela probabilidade de $r_{pa}$.

3) **Seleção**: A melhor harmonia no HM é selecionada se a condição de interrupção for cumprida.

O quadro 2 contém os parâmetros que devem ser definidos para o processo de otimização.

**Tabela 2:** Descrição dos parâmetros do algoritmo HSA

| Parameter | Description |
|---|---|
| **Maximum number of iterations** | The round number at which the optimization process will be stopped when it is met. |
| **HM size** | The solution (harmony) number which will be stored in the HM. |
| **Number of decision variables** | A number of decision variables are included in every solution. |
| **HM consideration rate ($r_{accept}$)** | The rate of decision variables in the harmony are taken into account in the new harmony. |
| **PAR ($r_{pa}$)** | The probability changing the decision variables values by adding a certain value. |

Foram efectuados numerosos estudos para comparar o HS com outros algoritmos. Um desses estudos mostra que o HS é mais rápido do que o PSO. Além disso, este estudo prova que o HS tem uma taxa de convergência significativa para obter a melhor solução [74]. Além disso, o HS pode ser integrado com outros algoritmos de otimização, como o GA, DE, PSO e muitos outros, em muitos problemas reais de otimização.

Além disso, Ameli *et al* [75] utilizaram um modelo de hibridação de ferramentas artificiais como HS, tabu search (TS), simulated annexation (SA) e GA para redes neuronais probabilísticas (PNN).

O HS provou a sua eficácia em muitos problemas de otimização e oferece muitas vantagens em relação a outros algoritmos de otimização tradicionais, que são resumidas a seguir:

a) Os resultados para as SHS podem ser obtidos sem grande esforço de cálculo.

b) Para a HSA, não é necessária qualquer informação derivada, uma vez que é utilizada uma estratégia de pesquisa estocástica e aleatória.

c) Integra cada vetor de solução existente numa nova solução, o que conduziu a melhores resultados e aumentou a robustez do método HS [76].

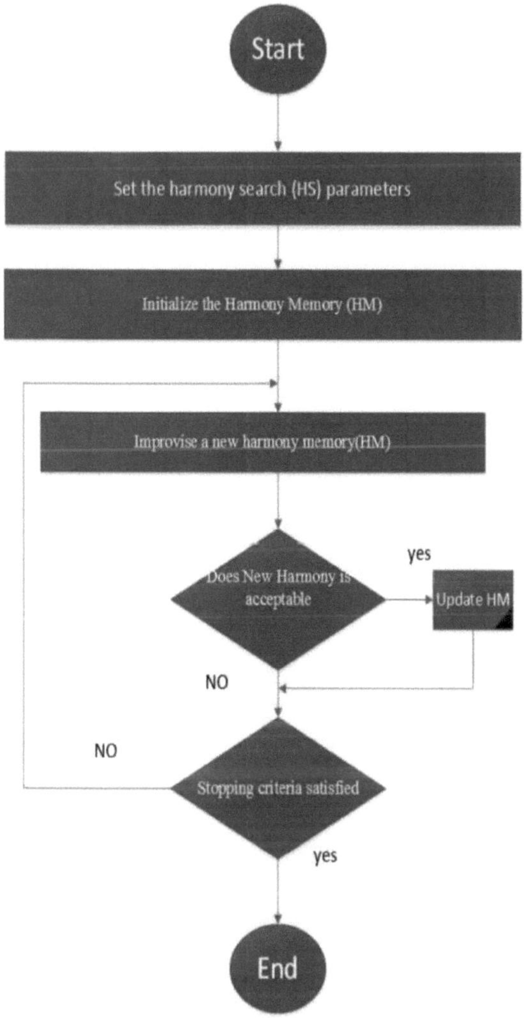


Fig. 3 Flowchart for training of HS

### 3.4 Técnica memética

O algoritmo memético (MA) foi desenvolvido por Moscato [77]. Este algoritmo foi motivado pelos princípios da evolução natural de Darwin e pela noção de memes de Dawkins. Moscato considerou o algoritmo memético como uma espécie de AG integrado de base populacional com aprendizagem individual. Os algoritmos MA são atualmente utilizados em vários domínios, incluindo os algoritmos evolutivos híbridos.

As MAs são utilizadas para resolver MOPs [78]. A vantagem das MAs na EA é o facto de usarem uma pesquisa local para o problema em questão [79]. O pseudo-código para a pesquisa local de MA é apresentado na Figura 4.

```
Start
  choose a gradual value d= a*Rand( ), where a is
    a constant that adjusts the values of variable;
      For a given chromosome i∈P: calculate fitness (i);
        For j=1 to number of variables in chromosome i;
          value (j)= value (j)+d;
            If chromosome fitness not enhanced
              then value(j)=value (j)-d;
                If chromosome fitness not enhanced
                  then retain the original value (j)
      Next j
End.
```

Fig. 4. Pseudo-code of MA[80]

# Capítulo 4

## A proposta de hibridação da ESNN baseada em DE multiobjectivo de pesquisa de harmonia memética (MEHSMODE-ESNN)

Esta secção examina o algoritmo proposto, denominado MEHSMODE-ESNN, que é uma abordagem de otimização multicritério para a aprendizagem de ESNN. Este algoritmo determina simultaneamente a estrutura da ESNN (neurónios pré-sinápticos) e os parâmetros do modelo correspondente, tratando este problema como um problema de otimização multi-objetivo. No MEHSMODE-ESNN, o método backpropagation (BP) é utilizado para resolver o problema de convergência do algoritmo normal.

O neurónio pré-sináptico da ESNN é apresentado como um candidato. O HS e o MOO são combinados para efetuar avaliações de aptidão e procedimentos de seleção de correspondência.

O MEHSMODE-ESNN começa por recolher, normalizar e ler o conjunto de dados. De seguida, define-se o número máximo de iterações e calcula-se a dimensão dos candidatos. Além disso, os neurónios pré-sinápticos e os parâmetros da ESNN são determinados aleatoriamente. É então criada e inicializada uma população do método híbrido. Cada candidato é avaliado para cada iteração com base na evolução diferencial alargada utilizando o algoritmo de pesquisa de harmonia. O método proposto pára quando é atingido o número máximo de iterações. O algoritmo 2 descreve o pseudo-código do MEHSMODE-ESNN.

**Algoritmo 2:** pseudo-código do MEHSMODE-ESNN

```
Initialize algorithm parameters: CR, F, HMCR, PAR and fitness function

Generate the initial harmony population HMS (t) at t=0 where t is the number
          of the actual iteration and HM as vector represents ESNN

while not reaching NI do    (NI is maximum of iteration)
     for all HM vector do
          use ESNN algorithm to find the HM vector fitness.
          achieve results of pre-synaptic neurons and ESNN parameters.
          evaluate the HM vector of population HMS (t) according to the fitness value.
          determine the best HM vector according to the best parents' values.

  improvise a new harmony
               for j ϵ 1, ..., Nvariables do
                 randomly select any variable-i pitch in HM
                 randomly adjust u_j within a small bandwidth alpha α
                 select any pitch within upper UBj and lower bounds LO_j
               end for

                 if v_j is better than the worst harmony in HM, x_worst, then
                        replace x_worst with v_j in HM, then sort HM
                 end if

                 for j ϵ 1, ..., Nvariables do
                       if rand ≤ CR or j==j_rand) then
                          u_j = xj;r_0 + F * (x_j;r_1 − x_j;r_2);
                       else
                              uj = xj;i;
                       end if
                  end for

             Applying local search (BP) to each of the harmony
             Perform local search ( BP ) algorithm
             evaluate the harmony HS on the basis of fitness functions
             update pre-synaptic neuron vector and ESNN parameters vector
             sort population HMS (t+1) according to their fitness values.
             t=t+1.
          end for
   end while
```

A figura 5 mostra uma representação esquemática do MEHSMODE-ESNN.

**Fig. 5** Representação esquemática do MEHSMODE-ESNN proposto

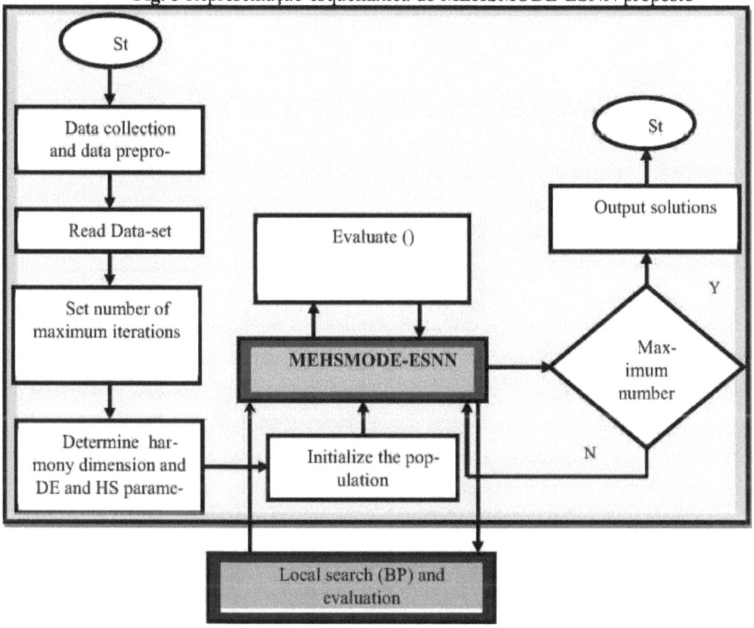

# Capítulo 5

# CONCEPÇÃO EXPERIMENTAL

Esta secção apresenta as experiências realizadas no âmbito do estudo sobre a aprendizagem híbrida das redes ESNN, com base no método multicritério de procura de harmonias meméticas. Podem ser utilizadas muitas técnicas de validação, mas neste trabalho é utilizada a validação cruzada. A vantagem da validação cruzada k em relação à validação hold-out é que todas as observações são utilizadas tanto para a aprendizagem como para o teste, e cada observação é utilizada exatamente uma vez para o teste. A validação cruzada dez vezes maior é a mais comum[81]. A fim de avaliar a eficácia do método proposto, é efectuado um estudo empírico pormenorizado em sete conjuntos de dados diferentes, que é explicado em pormenor a seguir.

## 5.1 Preparação dos dados

Este estudo utiliza vários conjuntos de dados reais do repositório da UCI, que representam alguns dos problemas mais difíceis da aprendizagem automática. Muitos investigadores utilizaram estes conjuntos de dados como padrões de referência para verificar o desempenho dos seus algoritmos. As principais caraterísticas destes problemas e as tarefas de aprendizagem associadas estão resumidas na Tabela 3.

**Quadro 3:** Descrição dos conjuntos de dados

| Dataset | Attributes | Classes | Samples |
|---|---|---|---|
| Appendicitis | 7 | 2 | 106 |
| Haberman | 3 | 2 | 306 |
| Heart | 13 | 2 | 297 |
| Hepatitis | 19 | 2 | 155 |
| Ionosphere | 34 | 2 | 351 |
| Iris | 4 | 3 | 150 |
| Liver | 6 | 2 | 345 |

## 5.2 A fase de aprendizagem da MEHSMODE-ESNN proposta

Inicialmente, o conjunto de dados foi dividido aleatoriamente em dez subconjuntos de igual dimensão. Um subconjunto é utilizado como conjunto de dados de teste e os outros nove subconjuntos são utilizados como conjuntos de dados de treino. O processo de treino e teste é repetido de modo a que todos os subconjuntos sejam utilizados como conjuntos de dados de teste. O processo de treino da ESNN híbrida MEHSMODE é explicado na secção 3. Há muitos parâmetros importantes que podem controlar o resultado do treino na MEHSMODE-ESNN. As diferentes definições dos parâmetros do método proposto são apresentadas no Quadro 4.

**Tabela 4:** Definições de parâmetros para os algoritmos MEHSMODE-ESNN

| Parameter | MEHSMODE -ESNN |
|---|---|
| Population size | 30 |
| Maximal number of iterations | 1000 |
| (Mutation) constant F | 0.9 |
| Crossover constant CR | 0.8 |
| Dimensionality of problem | 2 |
| Harmony memory Consideration rate HMCR | 0.9 |
| Pitch adjusting rate PAR | 0.3 |
| Momentum | 0.7 |
| Maximum error | 0.001 |
| Learning rate | 0.2 |

O desempenho dos algoritmos é avaliado através da análise de dez avaliações. Nesta experiência, o processo evolutivo do algoritmo proposto é analisado e o desempenho é avaliado em conformidade.

O objetivo desta avaliação é determinar a eficácia do método proposto no desenvolvimento de uma rede ESNN. Isto diz respeito tanto ao treino da ESNN como à estrutura desenvolvida (neurónios pré-sinápticos) da ESNN. As capacidades do método proposto foram examinadas comparando-o com outros métodos aplicados a problemas de classificação. Para avaliar o desempenho de classificação do método proposto, foram efectuadas comparações com os métodos ESNN padrão, DE-ESNN, DEPT-ESNN, MODE-ESNN e HSMODE-ESNN. Os resultados de todos os métodos propostos para todas as medições são apresentados na Tabela 4, na Tabela 5 e na Tabela 6. Nestas tabelas, os melhores resultados são destacados a negrito. Os resultados para todos os conjuntos de dados envolvidos são analisados em termos da estrutura da ESNN (número de neurónios pré-sinápticos), dos valores dos parâmetros (Mod, Sim e Threshold), da sensibilidade (SEN), da especificidade (SPEC), da média geométrica (GM) e da precisão da classificação (ACC) para todos os conjuntos de dados. Os resultados dos métodos propostos para cada conjunto de dados são analisados e apresentados na secção seguinte.

# Capítulo 6

# RESULTADOS E DISCUSSÃO

Esta secção apresenta os resultados do método MEHSMODE-ESNN proposto em comparação com outros métodos. Os resultados do MEHSMODE-ESNN são medidos em termos do número de neurónios pré-sinápticos, Mod, Sim e Threshold. As experiências são efectuadas 10 vezes em treino e 10 vezes em teste para todos os conjuntos de dados, como se mostra na Tabela 5.

A Figura 6 mostra os resultados médios de todos os algoritmos propostos em função do parâmetro Mod. A importância do parâmetro Mod deriva da sua representação para os pesos de ligação no modelo ESNN. Se tiver sido escolhido um valor elevado, isso significa que a maioria dos pesos tem um valor de ligação que reflecte um modelo de pesos bem representado de acordo com a sua classe inicial. Por outro lado, a escolha de um valor demasiado baixo leva a que a maioria das ligações tenha um valor zero devido à forma como o peso é calculado. Os resultados da Tabela 5 mostram que o HSMODE-ESNN gera, em média, o valor mais baixo, enquanto o DE-ESNN gera, em média, o valor mais alto. Os resultados mostram que os métodos propostos são capazes de determinar os valores óptimos do parâmetro Mod, que variam de conjunto de dados para conjunto de dados. O tipo de conjunto de dados pode influenciar o valor do parâmetro. Este efeito óbvio deve-se à correlação entre a otimização dos parâmetros e a exatidão da classificação, que foi integrada na abordagem conhecida como "wrapper". A descoberta de conhecimentos a partir destes resultados do parâmetro Mod mostra que os valores elevados têm uma influência significativa na decisão das classes de saída das instâncias.

**Table 5:** Comparação dos resultados de todos os algoritmos propostos em relação ao parâmetro do fator de modulação ( Mod) com validação cruzada 10 vezes.

| Data set | ESNN | DE-ESNN | DEPT-ESNN | MODE-ESNN | HSMODE-ESNN | MEHSMODE-ESNN |
|---|---|---|---|---|---|---|
| **Appendicitis** | 0.9 | 0.9 | 0.7347 | 0.9535 | 0.6533 | 0.4804 |
| **Haberman** | 0.9 | 0.9 | 0.5292 | 0.7991 | 0.1968 | 0.6644 |
| **Heart** | 0.9 | 0.9 | 0.5337 | 0.1877 | 0.7498 | 0.8272 |
| **Hepatitis** | 0.9 | 0.9 | 0.5708 | 0.6988 | 0.6405 | 0.4088 |
| **Ionosphere** | 0.9 | 0.9 | 0.3099 | 0.5623 | 0.3791 | 0.4759 |
| **Iris** | 0.9 | 0.9 | 0.2789 | 0.6005 | 0.6073 | 0.8162 |
| **Liver** | 0.9 | 0.9 | 0.5916 | 0.6839 | 0.1569 | 0.7711 |

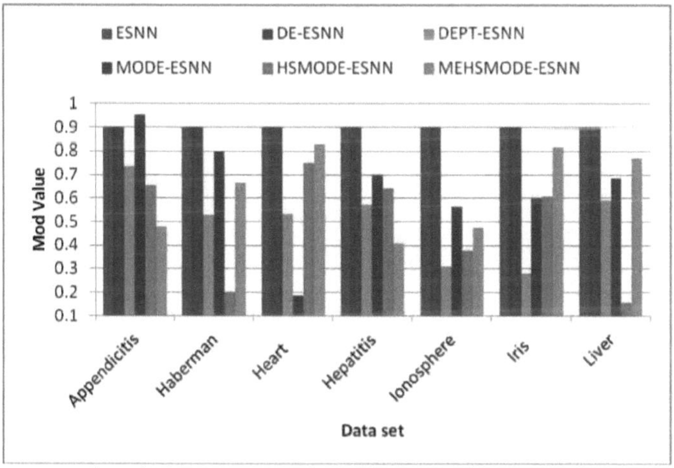


**Fig. 6** Comparação dos métodos propostos para a validação cruzada de 10x em relação ao parâmetro Mod

Análise

Por outro lado, o valor do parâmetro Sim é importante para o modelo ESNN Valores mais elevados de Sim significam que são fundidos mais neurónios com a mesma área de semelhança, enquanto valores mais baixos significam outra coisa. O DE-ESNN forneceu o valor mais baixo em todos os conjuntos de dados e também em média, enquanto o MODE-ESNN forneceu o valor mais alto em média. Estes resultados indicam que os métodos propostos fornecem, em média, os melhores valores para o parâmetro Sim no intervalo (0,5266, 0,5483). Para quase todos os conjuntos de dados, os resultados são apresentados na Tabela 6 e na Figura 7. É de notar que nenhum valor específico pode ser aplicado a todos os problemas, uma vez que cada problema tem a sua própria combinação de parâmetros. Em geral, cada conjunto de dados requer uma análise específica para compreender o problema que representa. Uma tomada de decisão rápida requer uma compreensão global. As conclusões retiradas destes resultados mostram que valores mais elevados do parâmetro Sim conduzem a uma melhor arquitetura de rede. Isto deve-se ao efeito do parâmetro Sim no controlo da taxa de fusão dos neurónios de saída.

**Table 6:** Comparação dos resultados de todos os algoritmos propostos para o parâmetro de semelhança (Sim) com validação cruzada de dez vezes

| Data set | ESNN | DE-ESNN | DEPT-ESNN | MODE-ESNN | HSMODE-ESNN | MEHSMODE-ESNN |
|---|---|---|---|---|---|---|
| **Appendicitis** | 0.1 | 0.1 | 0.336 | 0.4196 | 0.5728 | 0.4255 |
| **Haberman** | 0.1 | 0.1 | 0.4319 | 0.8234 | 0.6696 | 0.5888 |
| **Heart** | 0.1 | 0.1 | 0.8038 | 0.5456 | 0.6803 | 0.741 |
| **Hepatitis** | 0.1 | 0.1 | 0.2579 | 0.5088 | 0.2685 | 0.5622 |
| **Ionosphere** | 0.1 | 0.1 | 0.555 | 0.5645 | 0.3611 | 0.4548 |
| **Iris** | 0.1 | 0.1 | 0.8034 | 0.4941 | 0.5346 | 0.4833 |
| **Liver** | 0.1 | 0.1 | 0.5642 | 0.4824 | 0.6521 | 0.4306 |

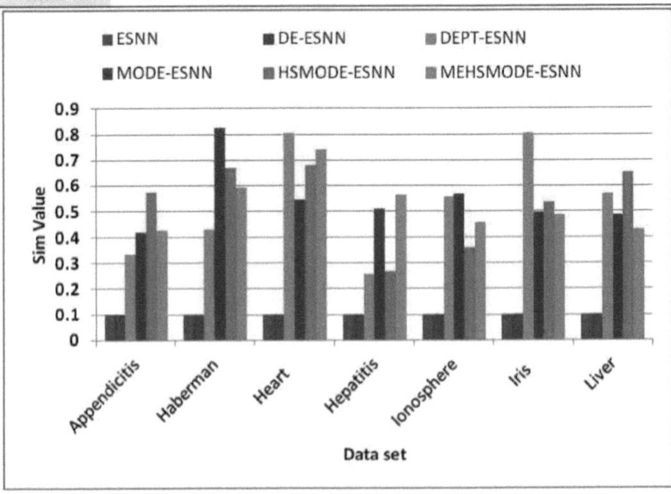


**Fig.7** Comparação dos métodos propostos para validação cruzada de 10x versus análise de parâmetros Sim

A Figura 8 mostra os resultados médios de todos os algoritmos propostos em função do parâmetro Threshold. A importância do parâmetro Threshold reside na sua função de controlo do valor limite do OTP. Os resultados da Tabela 7 mostram que o DEPT-ESNN fornece o valor mais baixo com uma média de 0,45, enquanto o DE-ESNN fornece o valor mais alto com uma média de 0,75. Os diferentes valores do parâmetro de limiar para cada método proposto nos conjuntos de dados reflectem a influência do tipo de conjunto de dados e do método híbrido que rege o processo do algoritmo. A descoberta de conhecimentos a partir dos resultados destes parâmetros de limiar mostra que os valores dos parâmetros têm uma grande influência na tomada de decisões. Valores mais elevados significam mais picos e mais tempo para a decisão. No entanto, para valores mais baixos, bastam alguns picos para acionar um pico de saída e determinar a classe da instância.

**Quadro 7**: Comparação dos resultados de todos os algoritmos propostos em relação ao parâmetro do fator de proporcionalidade (valor limiar) no caso de validação cruzada de dez vezes

| Data set | ESNN | DE-ESNN | DEPT-ESNN | MODE-ESNN | HSMODE-ESNN | MEHSMODE-ESNN |
|---|---|---|---|---|---|---|
| **Appendicitis** | 0.75 | 0.75 | 0.2953 | 0.5518 | 0.4471 | 0.3508 |
| **Haberman** | 0.75 | 0.75 | 0.3905 | 0.0899 | 0.7124 | 0.6544 |
| **Heart** | 0.75 | 0.75 | 0.6875 | 0.7761 | 0.6372 | 0.641 |
| **Hepatitis** | 0.75 | 0.75 | 0.2004 | 0.5728 | 0.4266 | 0.5535 |
| **Ionosphere** | 0.75 | 0.75 | 0.2833 | 0.7877 | 0.4405 | 0.3273 |
| **Iris** | 0.75 | 0.75 | 0.5596 | 0.4824 | 0.6451 | 0.5635 |
| **Liver** | 0.75 | 0.75 | 0.6977 | 0.78 | 0.2887 | 0.5754 |

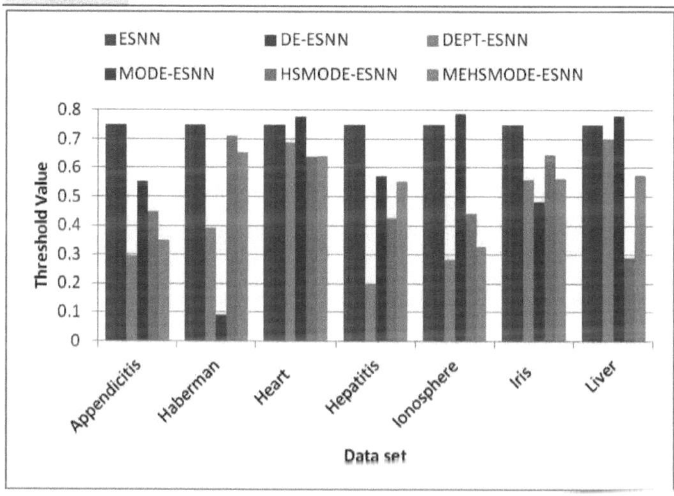


**Fig. 8** Comparação dos métodos de validação cruzada decimal propostos para a análise de parametria de limiar

Os resultados dos modelos paramétricos influenciam o desenvolvimento da ESNN. No entanto, os efeitos dos neurónios pré-sinápticos, considerados neste estudo como a estrutura da ESNN, ainda têm de ser analisados, como se pode ver na Tabela 8 e na Figura 9.

**Table 8** Comparação dos resultados de todos os algoritmos propostos para a estrutura ESNN (neurónios pré-sinápticos) com validação cruzada de dez vezes

| Data set | ESNN | DE-ESNN | DEPT-ESNN | MODE-ESNN | HSMODE-ESNN | MEHSMODE-ESNN |
|---|---|---|---|---|---|---|
| Appendicitis | 20 | 13 | 20 | **12** | 28 | 24 |
| Haberman | 20 | 22 | 20 | **10** | 35 | 37 |
| Heart | 20 | 25 | **20** | 45 | 31 | 32 |
| Hepatitis | 20 | **11** | 20 | 23 | 12 | 32 |
| Ionosphere | 20 | 24 | 20 | 46 | **18** | 29 |
| Iris | 20 | 21 | 20 | **18** | 22 | 49 |
| Liver | 20 | 19 | 20 | **17** | 42 | 27 |

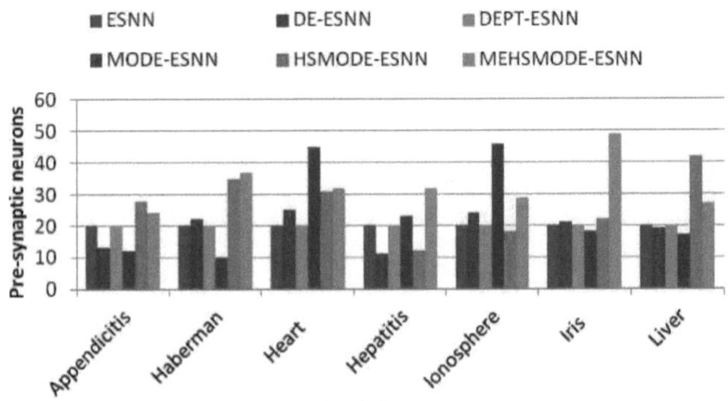


**Table 9** mComparação dos métodos de validação cruzada 10 vezes propostos para o efeito pré-sináptico

A Tabela 8 mostra a estrutura da ESNN (neurónios pré-sinápticos) com base em todos os algoritmos propostos. Como mostra a Tabela 8, o MODE-ESNN forneceu a melhor estrutura para os conjuntos de dados de apendicite, Haberman, íris e fígado. Entretanto, o DE-ESNN forneceu a melhor estrutura para o conjunto de dados de hepatite e também em média. Além disso, a DEPT-ESNN forneceu a melhor estrutura para o conjunto de dados cardíaco, enquanto a HSMODE-ESNN forneceu a melhor estrutura para o conjunto de dados ionosférico. A análise desses resultados na Tabela 8 mostra que MODE-ESNN é a melhor estrutura de ESNN em comparação com os outros métodos para quase todos os conjuntos de dados. É explicitamente afirmado que o tipo de conjunto de dados tem uma grande influência na determinação do número de neurónios pré-sinápticos para cada modelo. Além disso, o próprio algoritmo desempenha um papel crucial na determinação do número adequado de neurónios pré-sinápticos para obter o melhor desempenho. A descoberta de conhecimentos a partir destes resultados dos neurónios pré-sinápticos mostra que a estrutura do modelo pode ser influenciada pelo comportamento do conjunto de dados e pela combinação da otimização. Além disso, os resultados finais de precisão mostram que os métodos propostos dão melhores resultados para os neurónios pré-sinápticos do que o modelo ESNN inicial.

As Tabelas 9 a 12 apresentam a comparação entre o algoritmo proposto e os outros algoritmos no que respeita a SEN, SPE, GM e ACC no conjunto de teste para todos os conjuntos de dados. A análise de sensibilidade dos métodos propostos é apresentada na Tabela 9 e na Figura 10. Os resultados mostram que o HSMODE-ESNN atinge os melhores valores com uma sensibilidade de 100% para os conjuntos de dados cardíacos e hepáticos, 75% para o conjunto de dados ionosféricos e 85,8% para o conjunto de dados hepáticos. Para MEHSMODE-ESNN,, os melhores valores de sensibilidade são obtidos para o conjunto de dados Haberman com 99,5% e 100% para o conjunto de dados de hepatite. Da mesma forma que para MODE-ESNN,, os melhores valores de sensibilidade foram obtidos para o conjunto de dados de apendicite com 83,5%. Além disso, o DE-ESNN fornece os melhores valores de sensibilidade para o conjunto de dados da íris com 100%.

**Tabela 9**: Análise de sensibilidade de todos os algoritmos propostos com validação cruzada de dez vezes

| Data set | ESNN | DE-ESNN | DEPT-ESNN | MODE-ESNN | HSMODE-ESNN | MEHSMODE-ESNN |
|---|---|---|---|---|---|---|
| **Appendicitis** | 38.90 | 32.50 | 69.40 | **83.50** | 61.40 | 75.90 |
| **Haberman** | 77.40 | 90.53 | 96.30 | 92.90 | 93.60 | **99.50** |
| **Heart** | **100** | **100** | **100** | **100** | **100** | 97.16 |
| **Hepatitis** | **100** | **100** | **100** | 99 | **100** | **100** |
| **Ionosphere** | 11.10 | 42.00 | 26.70 | 15.30 | **75.00** | 57.00 |
| **Iris** | **100** | **100** | 88.00 | 89.00 | 98.00 | 98.00 |
| **Liver** | 67.20 | 64.00 | 57.60 | 44.80 | **85.80** | 73.00 |

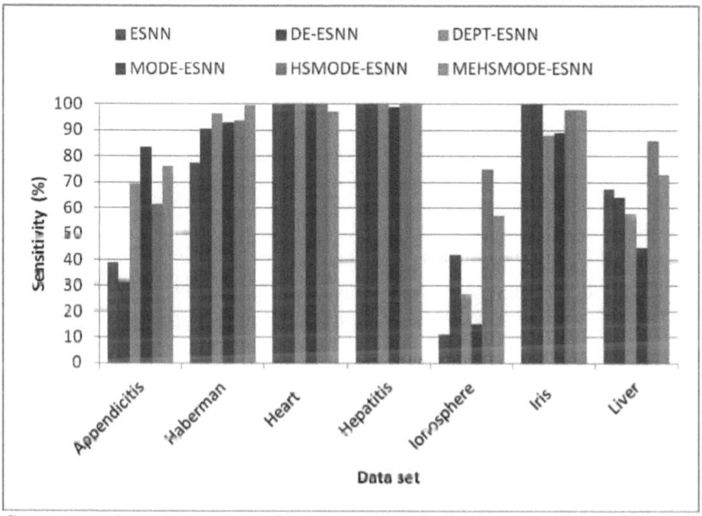


**Fig. 10** Comparação dos métodos de validação cruzada decimal propostos para a análise de sensibilidade

Observa-se que, em comparação com os outros métodos, o HSMODE-ESNN obtém os valores de sensibilidade mais elevados para quase todos os conjuntos de dados (ver Tabela 9 e Figura 10). No entanto, o método proposto não é bom quando se trata de obter uma sensibilidade mais elevada para os conjuntos de dados da apendicite, Haberman e íris. No diagnóstico médico, uma sensibilidade elevada significa que há muito poucos resultados falso-negativos, o que significa que a doença não está presente, como no caso da apendicite de Haberman, do coração e da hepatite. Este facto é de importância crucial, uma vez que o teste pode alterar o caso do doente com base nos resultados negativos apresentados. Por outro lado, observa-se que o conjunto de dados ionosféricos tem uma baixa sensibilidade devido à sua natureza. A distribuição do conjunto de dados ionosféricos significa que os métodos propostos produzem muito mais resultados falsos positivos, o que resulta numa baixa sensibilidade.

Os métodos propostos também são validados pela análise PSE (ver Figura 10). Como se pode ver na Tabela 10 e na Figura 11, o DE-ESNN obteve os melhores resultados PSE, com 62,12% para o conjunto de dados da hepatite e 100% para o conjunto de dados da íris. Além disso, o MEHSMODE-

O ESNN fornece os melhores resultados de ESP com 71% para o conjunto de dados Haberman, 58,3% para o conjunto de dados cardíacos e 100% para o conjunto de dados ionosféricos. Além disso, o MODE-ESNN apresenta os melhores resultados de ESP com 55,1% para o conjunto de dados do fígado, enquanto o ESNN apresenta os melhores resultados de ESP para o conjunto de dados do apêndice com 85% e 100% para o conjunto de dados da íris.

Pode ser visto a partir da observação (Tabela 10 e Figura 11) que o DE-ESNN e o ESNN fornecem valores SPE semelhantes de 100% para o conjunto de dados da íris, enquanto o MEHSMODE-ESNN produz resultados SPE de 100% para o conjunto de dados da ionosfera. Em resumo, o MEHSMODE-ESNN e o DE-ESNN são superiores aos outros métodos para quase todos os conjuntos de dados e em média. Argumenta-se que alguns dos métodos propostos têm baixa especificidade para conjuntos de dados desequilibrados, resultando num maior número de falsos positivos. Embora os métodos propostos tenham a sensibilidade mais elevada, perdem em especificidade. Estes resultados reflectem o facto de que, embora tenham uma taxa mais elevada de verdadeiros positivos quando classificam a classe minoritária, têm um desempenho fraco quando classificam a classe maioritária devido à sua menor especificidade.

**Tabela 10:** Análise SPE para todos os métodos propostos com validação cruzada 10 vezes

| Data set | ESNN | DE-ESNN | DEPT-ESNN | MODE-ESNN | HSMODE-ESNN | MEHSMODE-ESNN |
|---|---|---|---|---|---|---|
| Appendicitis | **85.00** | 69.00 | 61.70 | 28.30 | 61.60 | 26.70 |
| Haberman | 35.70 | 25.10 | 3.70 | 11.70 | 15.30 | **71.00** |
| Heart | 0.00 | 36.12 | 42.11 | 22.16 | 57.20 | **58.30** |
| Hepatitis | 0.00 | 62.12 | 53.21 | 36.00 | 61.10 | **62.90** |
| Ionosphere | 89.1 | 98.00 | 73.60 | 85.40 | 91.30 | **100** |
| Iris | **100** | **100** | 87.00 | 95.00 | 87.00 | 79.00 |
| Liver | 43.20 | 44.10 | 46.60 | **55.10** | 22.50 | 32.30 |

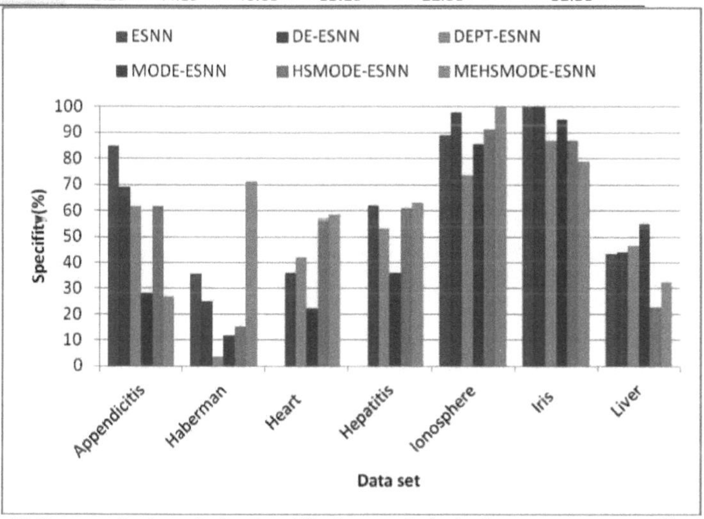


**Fig. 11** Comparação dos métodos de validação cruzada decimal propostos para a análise PSE

Os resultados de todos os algoritmos propostos com base na medição do GM são apresentados na Tabela 11 e na Figura 12. Pode ver-se que o HSMODE-ESNN obtém os melhores resultados de GM com 75,63% para o conjunto de dados cardíacos e 82,75% para o conjunto de dados ionosféricos. Para o MEHSMODE-ESNN, os melhores resultados de GM são obtidos com 84,05% para o conjunto de dados Haberman e 79,31% para o conjunto de dados de hepatite. Além disso, o DEPT-ESNN apresenta o melhor desempenho com 65,44% de GM para o conjunto de dados cardíaco. Para a DE-ESNN, o melhor desempenho é obtido com 100% de GM para o conjunto de dados da íris. Finalmente, a ESNN obteve valores de GM de 100% para o conjunto de dados da íris e 53,88% para o conjunto de dados do fígado. Os valores de GM são também inferiores aos do MEHSMODE-ESNN devido a um valor inferior para a sensibilidade (ionosfera) ou especificidade (apendicite).

**Tabela 11:** Análise GM para todos os métodos propostos com validação cruzada de dez vezes

| Data set | ESNN | DE-ESNN | DEPT-ESNN | MODE-ESNN | HSMODE-ESNN | MEHSMODE-ESNN |
|---|---|---|---|---|---|---|
| Appendicitis | 57.50 | 47.36 | **65.44** | 48.61 | 61.50 | 45.02 |
| Haberman | 52.57 | 47.67 | 18.88 | 32.97 | 37.84 | **84.05** |
| Heart | 0.00 | 60.10 | 64.89 | 47.08 | **75.63** | 75.26 |
| Hepatitis | 0.00 | 78.82 | 72.95 | 59.70 | 78.17 | **79.31** |
| Ionosphere | 31.45 | 64.16 | 44.33 | 36.15 | **82.75** | 75.49 |
| Iris | 100 | **100** | 87.50 | 91.95 | 92.34 | 87.99 |
| Liver | **53.88** | 53.13 | 51.81 | 49.68 | 43.93 | 48.56 |

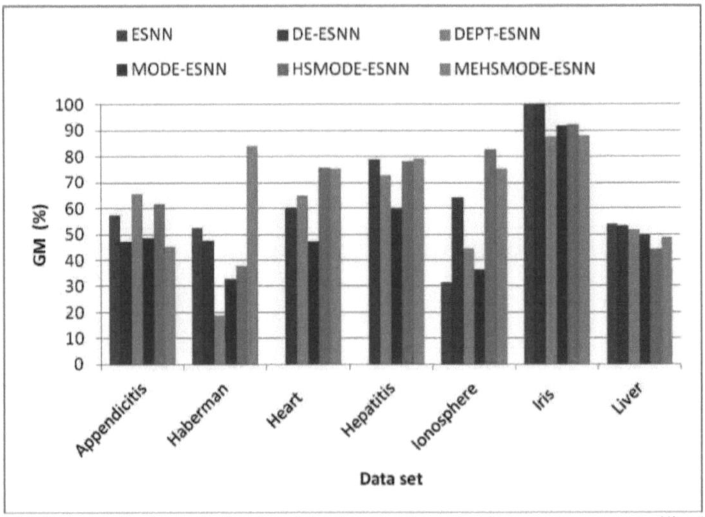


**Fig. 12** Comparação dos métodos de validação cruzada decimal propostos para a análise MG

Os resultados de todos os algoritmos propostos, com base na medição do ACC, são apresentados na Tabela 12 e na Figura 13. Verifica-se que o MEHSMODE-ESNN atinge a melhor exatidão com 76,31% para a apendicite, 75,57% para Haberman, 59,34% para a hepatite e 57,07% para os dados relativos ao fígado. Tal como no MODE-ESNN, os melhores resultados de exatidão foram obtidos com o

conjunto de dados ionosféricos com 69,55%. O ESNN também teve um melhor desempenho, com uma exatidão de 95,99% para o conjunto de dados da íris. Finalmente, o DEPT-ESNN obteve um valor ACC de 58,93% para o conjunto de dados cardíacos.

Tabela 12: Análise da precisão para todos os métodos propostos com validação cruzada de dez vezes

| Data set | ESNN | DE-ESNN | DEPT-ESNN | MODE-ESNN | HSMODE-ESNN | MEHSMODE-ESNN |
|---|---|---|---|---|---|---|
| Appendicitis | 48.00 | 44.00 | 68.00 | 73.00 | 74.00 | **76.31** |
| Haberman | 67.32 | 73.66 | 72.66 | 72.00 | 75.00 | **75.57** |
| Heart | 53.99 | 56.33 | **65.57** | 58.20 | 58.66 | 58.93 |
| Hepatitis | 52.67 | 58.00 | 54.67 | 54.00 | 58.67 | **59.34** |
| Ionosphere | 60.57 | 63.43 | 62.14 | **69.55** | 60.00 | 64.29 |
| Iris | **95.99** | 86.67 | 89.33 | 89.71 | 84.00 | 91.15 |
| Liver | 48.57 | 45.71 | 44.00 | 50.57 | 47.43 | **57.07** |

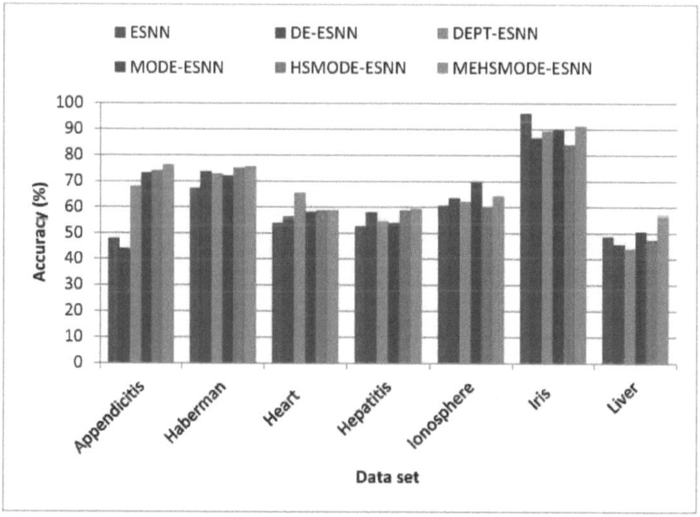


Fig.13 Comparison of the proposed methods for ten-fold cross-validation in terms of accuracy analysis

Estes estudos mostram que o MEHSMODE-ESNN tem a melhor precisão em comparação com outros métodos em quase todos os conjuntos de dados.

Todas as experiências são avaliadas e analisadas relativamente à estrutura da rede ESNN (neurónios pré-sinápticos), SEN, SPE, GM e ACC. Os resultados da validação cruzada 10 vezes estão resumidos na Tabela 13.

**Quadro 13**: Análise sumária de todos os métodos propostos

| Data set | Analysis Criteria | ESNN | DE-ESNN | DEPT-ESNN | MODE-ESNN | HSMODE-ESNN | MEHSMODE-ESNN |
|---|---|---|---|---|---|---|---|
| **Appendicitis** | STRUCTURE | | | | • | | |
| | SEN | | | | • | | |
| | SPE | • | | | | | |
| | GM | | | • | | | |
| | ACC | | | | | | • |
| **Haberman** | STRUCTURE | | | | • | | |
| | SEN | | | | | | • |
| | SPE | | | | | | • |
| | GM | | | | | | • |
| | ACC | | | | | | • |
| **Heart** | STRUCTURE | | | • | | | |
| | SEN | | | | | • | |
| | SPE | | | | | | • |
| | GM | | | | | • | |
| | ACC | | | • | | | |
| **Hepatitis** | STRUCTURE | | • | | | | |
| | SEN | | | | | | • |
| | SPE | | | | | | • |
| | GM | | | | | | • |
| | ACC | | | | | | • |
| **Ionosphere** | STRUCTURE | | | | | • | |
| | SEN | | | | | • | |
| | SPE | | | | | | • |
| | GM | | | | | • | |
| | ACC | | | | • | | |

**Quadro 13**: (continuação)

| Data set | Analysis Criteria | ESNN | DE-ESNN | DEPT-ESNN | MODE-ESNN | HSMODE-ESNN | MEHSMODE-ESNN |
|---|---|---|---|---|---|---|---|
| **Iris** | STRUCTURE | | | | • | | |
| | SEN | | • | | | | |
| | SPE | | • | | | | |
| | GM | | • | | | | |
| | ACC | • | | | | | |
| **Liver** | STRUCTURE | | | | • | | |
| | SEN | | | | | • | |
| | SPE | | | | • | | |
| | GM | • | | | | | |
| | ACC | | | | | | • |
| Number of wins | STRUCTURE | 0 | 1 | 1 | 4 | 1 | 0 |
| | SEN | 0 | 1 | 0 | 1 | **3** | 2 |
| | SPE | 1 | 1 | 0 | 1 | 0 | **4** |
| | GM | 1 | 1 | 1 | 0 | 2 | **2** |
| | ACC | 1 | 0 | 1 | 1 | 0 | **4** |

Para uma análise detalhada, o desempenho de todos os métodos propostos é comparado para examinar a viabilidade dos métodos propostos na realização de tarefas de classificação de padrões. O melhor método de entre todos os métodos propostos é selecionado com base em todas as métricas de desempenho da análise final para cada caso de teste.

Para o conjunto de dados da apendicite, o MODE-ESNN teve o melhor desempenho nas medidas estruturais SEN e ESNN. Para MEHSMODE-ESNN, os melhores resultados foram obtidos para CCA. Além disso, a DEPT-ESNN forneceu os melhores resultados para a medida GM. Para o conjunto de dados Haberman, o MEHSMODE-ESNN obteve os melhores resultados para SEN, SPE, GM e ACC, enquanto o MODE-ESNN obteve o melhor valor estrutural ESNN. Para todos os dados cardíacos, o MEHSMODE-ESNN teve o melhor desempenho para o SPE. Além disso, o HSMODE-ESNN forneceu os melhores resultados para as medidas SEN e GM. Além disso, o DEPT-ESNN forneceu os melhores resultados para a medida ACC e o valor estrutural ESNN. Para o conjunto de dados da hepatite, a MEHSMODE-ESNN forneceu os melhores resultados para as medidas GM, SEN, SPE e ACC. Além disso, a DE-ESNN forneceu os melhores resultados para o valor estrutural da ESNN. Para o conjunto de dados ionosféricos, o HSMODE-ESNN forneceu os melhores resultados em termos de ESNN, SEN e estrutura GM.
enquanto o MEHSMODE-ESNN apresentou os melhores resultados SPE. Além disso, o MODE-ESNN apresentou os melhores resultados para a medição ACC. Para o conjunto de dados da íris, o MODE-ESNN forneceu os melhores resultados para a estrutura ESNN, enquanto o DE-ESNN forneceu os melhores resultados para as medidas SEN, SPE e GM. Além disso, a ESNN forneceu os melhores resultados para a medida ACC. Para o conjunto de dados do fígado, o MODE-ESNN forneceu os melhores resultados em relação à medida SPE e à estrutura ESNN. Além disso, o HSMODE-ESNN apresentou os melhores resultados em termos de medida de sensibilidade, enquanto o MEHSMODE_ESNN apresentou os melhores resultados em termos de CCA.

Por outro lado, uma análise detalhada da Tabela 13 mostra que o MEHSMODE-ESNN forneceu os melhores resultados para SPE e ACC, respetivamente, em quatro dos sete conjuntos de dados. Além disso, o MODE ESNN forneceu a melhor medida da estrutura da ESNN em quatro dos sete conjuntos de dados. Para HSMODE-ESNN, os melhores resultados de SEN foram obtidos em três dos sete conjuntos de dados. Além disso, tanto o MEHSMODE-ESNN como o HSMODE-ESNN forneceram os melhores resultados para as medidas GM em dois dos sete conjuntos de dados.

Uma análise atenta dos resultados leva a uma conclusão importante: a variância do desempenho dos métodos propostos num determinado conjunto de dados é significativamente inferior à variância do desempenho do mesmo método proposto em conjuntos de dados diferentes. Esta conclusão aplica-se a sete conjuntos de dados. Por conseguinte, pode dizer-se que o desempenho depende muito do tipo de conjunto de dados. Os principais factores que influenciam o desempenho de classificação dos métodos propostos são a elevada dimensionalidade, a amostragem, os valores em falta, as classes múltiplas, as classes desequilibradas e o ruído.

## 6.1 Análise estatística dos modelos de hibridação propostos com a ESNN

O teste de Friedman é efectuado para verificar se k amostras aleatórias de uma população k têm a mesma média. Por conseguinte, foram utilizados n conjuntos de dados de apendicite, Haberman, hepatite, coração, ionosfera, íris e fígado para obter N amostras de k amostras aleatórias de medidas de desempenho de precisão. Os resultados dos testes estatísticos são apresentados no Quadro 14. O programa IBM SPSS Statistics 20 foi utilizado para efetuar estas experiências estatísticas. O quadro 13 mostra que os resultados diferem significativamente entre todos os métodos propostos (Qui-quadrado =12,469, df=5, nível de significância p=0,029). Isto significa que os resultados são verdadeiros com um intervalo de confiança de 95%. Assim, a hipótese nula do teste de Friedman, segundo a qual todos os algoritmos se comportam da mesma forma, é rejeitada. Os algoritmos diferem significativamente no seu comportamento.

**Tabela 14**: Estatísticas do teste de Friedman para os algoritmos híbridos propostos

| **Test Statistics** | |
|---|---|
| **N** | 7 |
| **Chi-Square** | 12.469 |
| **df** | 5 |
| **Asymp. Sig.** | **0.029** |

# CAPÍTULO 7

# CONCLUSÃO E TRABALHO FUTURO

Neste livro, foi proposto um método híbrido MEHSMODE-ESNN para determinar simultaneamente o número ótimo de neurónios pré-sinápticos e os parâmetros para um determinado conjunto de dados. Foi efectuado um estudo comparativo entre o MEHSMODE-ESNN e o ESNN, o DE-ESNN e o DEPT-ESNN, o MODE-ESNN e outros métodos de extração de dados para mostrar o melhor desempenho do ESNN. Tanto o MODE-ESNN como o HSMODE-ESNN e outros métodos foram utilizados para classificar conjuntos de dados padrão. Os resultados mostram que o MEHSMODE-ESNN é capaz de classificar conjuntos de dados com uma precisão geralmente melhor do que os outros algoritmos. Além disso, o MEHSMODE-ESNN destacou os parâmetros ESNN óptimos, que são considerados importantes para uma boa precisão. Além disso, o MEHSMODE-ESNN dá geralmente melhores resultados para as medições SPE, GM e ACC. Estes algoritmos evolutivos híbridos multi-objetivo com ESNN motivam os investigadores a estudar a utilidade de integrar outros novos algoritmos metaheurísticos para melhorar o ESNN.

# Referências


1. Ahmed, F.Y.H., S.M. Shamsuddin e S.Z.M. Hashim, *SpikeProp melhorado para usar a otimização de enxame de partículas*. Problemas Matemáticos em Engenharia, 2013. **2013** : p. 13.
2. Gerstner, W. e W.M. Kistler, *Spiking neuron models: Individual neurons, populations, plasticity*. 2002: Cambridge University Press.
3. Maass, W. e C.M. Bishop, *Pulsed Neural Networks*. 2001: MIT press.
4. Bohte, S.M., J.N. Kok, e H. La Poutre, *retropropagação de erros em sistemas de redes codificadas de neurónios em espiral*. Neurocomputação, 2002. **48**(1) : p. 17-37.
5. Belatreche, A., et al, *Evolutionary design of spiking neural networks*. Novas matemáticas e computação natural, 2006. **2**(03) : p. 237-253.
6. Schliebs, S., et al, *Integrated feature and parameter optimization for an evolving spiking neural network: exploring heterogeneous probabilistic models*. Redes Neurais, 2009. **22**(5) : p. 623-632.
7. Hamed, *Novel Integrated Methods of Evolving Spiking Neural Network and Particle Swarm Optimisation*, 2012, Universidade de Tecnologia de Auckland.
8. Abbass, H.A., *Speeding up backpropagation using multiobjective evolutionary algorithms*. Neural Computation, 2003. **15**(11) : p. 2705-2726.
9. Igel, C., *Multi-objective Model Selection for Support Vetor Machines*, em *Evolutionary Multi-Criterion Optimization, C.* Coello Coello, A. Hernandez Aguirre, e E. Zitzler, Editores. 2005, Springer Berlin Heidelberg. S. 534-546.
10. Jin, Y., *Multi-objective machine learning*. Vol. 16. 2006: Springer.

11. Jin, Y., T. Okabe, e B. Sendhoff. *Regularização de redes neurais e ensembling usando algoritmos evolutivos multiobjectivo.* in *Evolutionary Computation, 2004. CEC2004. Congresso sobre.* 2004. IEEE.

12. Jin, Y., B. Sendhoff, e E. Korner, *Evolutionary Multi-objective Optimization for Simultaneous Generation of Signal-Type and Symbol-Type Representations*, em *Evolutionary Multi-Criterion Optimization*, C. Coello Coello, A. Hernandez Aguirre, e E. Zitzler, Editores. 2005, Springer Berlin Heidelberg. S. 752-766.

13. Fieldsend, J.E. e S. Singh, *Redes neurais evolutivas de Pareto.* Neural Networks, IEEE Transactions on, 2005. **16**(2) : p. 338-354.

14. Abbass, H.A. *Pareto Neuro-Evolution : Construção de um conjunto de redes neurais usando otimização multi-objetivo.* em *Evolutionary Computation, 2003. CEC'03. A conferência de 2003 sobre.* 2003. IEEE.

15. Chandra, A. e X. Yao, *DIVACE: Diverse and accurate ensemble learning algorithm*, em *Intelligent Data Engineering and Automated Learning-IDEAL 2004.* 2004, Springer. S. 619-625.

16. Tan, K.C., T.H. Lee, and E.F. Khor, *Evolutionary algorithms with dynamic population size and local exploration for multiobjective optimization.* Evolutionary Computation, IEEE Transactions on, 2001. **5**(6) : p. 565-588.

17. Jin, Y., R. Wen, e B. Sendhoff, *Otimização evolutiva multi-objetivo de redes neuronais de spiking,* em *Artificial Neural Networkss-ICANN 2007.* 2007, Springer. p. 370-379.

18. Wang, G. e L. Guo, *Um novo algoritmo de morcego híbrido com pesquisa de harmonia para otimização numérica global.* Journal of Applied Mathematics, 2013. **2013**.

19. Purnomo, H.D. e H.-M. Wee, *Maximizando o rendimento da produção e o balanceamento da carga de trabalho numa linha de montagem bidirecional usando Harmony Search.* Computers & Industrial Engineering, 2014. **76** : p. 222-230.

20. Gao, L.-q., et al, *On the iterative convergence of harmony search algorithm and a proposed modification.* Matemática Aplicada e Computação, 2014. **247** : p. 1064-1095.

21. Saleh, A.Y., et al, *A Novel hybrid algorithm of Differential evolution with Evolving Spiking Neural Network for pre-synaptic neurons Optimization.* Int. J. Advance Soft Compu. Appl, 2014. **6**(1).

22. Saleh, A.Y., S.M. Shamsuddin, e H.N.B.A. Hamed, *Parameter Tuning of Evolving Spiking Neural Network with Differen-tial Evolution Algorithm (Afinação de parâmetros da rede neural de espigões evolutiva com algoritmo de evolução diferencial).* Conferência Internacional sobre Tendências Recentes em Tecnologia da Informação e Comunicação, 2014: p. 13.

23. Vazquez, R.A. e B.A. Garro, *Training spiking neurons by means of particle swarm optimization*, in *Advances in Swarm Intelligence*. 2011, Springer. p. 242249.

24. Mohemmed, A., et al. *Otimização de redes neuronais com sinapses dinâmicas para a geração de sequências de picos utilizando PSO*. in *Neural Networks (IJCNN), The 2011 International Joint Conference on*. 2011. IEEE.

25. Hong, S., et al. *A cooperative method for supervised learning in spiking neural networks*. in *Computer Supported Cooperative Work in Design (CSCWD), 2010 14th International Conference on*. 2010. IEEE.

26. Hamed, et al. *String pattern recognition using evolving spiking neural networks and quantum inspired particle swarm optimization*. in *Neural Information Processing*. 2009. Springer.

27. Wang, J., et al, *An Online Supervised Learning Method for Spiking Neural Networks with Adaptive Structure.* Neurocomputação, 2014.

28. Yii, M.L., C.S. The, e C.J. Chen. *A hybrid Spiking Neural Network model for multivariate data classification and visualization.* in *Information Technology in Asia (CITA 11), 2011 7th International Conference on.* 2011. IEEE.

29. Bodyanskiy, Y., A. Dolotov, e O. Vynokurova, *Evolução do sistema de auto-aprendizagem de wavelet-neuro-fuzzy.* Applied Soft Computing, 2014. **14** : p. 252-258.

30. Chandra, B. e K. Naresh Babu, *Classificação de dados de expressão gênica usando uma rede neural radial baseada em wavelet.* Sistemas Especializados com Aplicações, 2014. **41**(4) : p. 1326-1330.

31. Nuntalid, N., K. Dhoble e N. Kasabov. *Classificação de EEG com algoritmo de codificação de picos BSA e rede neural probabilística evolutiva de picos.* em *Neural Information Processing.* 2011. Springer.

32. Mohemmed, A., et al, *Method for training a spiking neuron to associate inputoutput spike trains*, em *Engineering Applications of Neural Networks.* 2011, Springer. p. 219-228.

33. Russell, A., et al, *Métodos de otimização para neurónios e redes de spiking.* Neural Networks, IEEE Transactions on, 2010. **21**(12) : p. 1950-1962.

34. Chun woi, Z. e L. Hai-jiang. *A New Supervised Spiking Neural* Network. em *Tecnologia de Computação Inteligente e Automação, 2009. ICICTA'09. Segunda Conferência Internacional sobre.* 2009. IEEE.

35. Kasabov, N., et al, *Dynamic evolving spiking neural networks for on line spatio- and spectro-temporal pattern recognition.* Neural Networks, 2013. **41** : p. 188-201.

36. Kasabov, N.K., *NeuCube: Uma arquitetura de rede neural spiking para mapeamento, aprendizagem e compreensão de dados cerebrais espácio-temporais*. Redes Neurais, 2014. **52** : p. 62-76.

37. Howard, G., et al, *Evolução de redes de espigões com memórias resistivas variáveis*. Evolutionary computation, 2014. **22**(1) : p. 79-103.

38. Wang, J., et al. *Online versus offline learning for spiking neural networks: A review and new strategies*. in *Cybernetic Intelligent Systems (CIS), 2010 IEEE 9th International Conference on*. 2010. IEEE.

39. Ponulak, F. e A. Kasinski, *Aprendizagem supervisionada em redes neurais de picos com ReSuMe: aprendizagem de sequência, classificação e deslocamento de picos*. Neural Computation, 2010. **22**(2) : p. 467-510.

40. Izhikevich, E.M., *Modelos híbridos de espigões*. Philosophical Transactions of the Royal Society A: Mathematical, Physical and Engineering Sciences, 2010. **368**(1930) : p. 5061-5070.

41. Schrauwen, B. e J. Van Campenhout. *Backpropagation for population-encoded neural networks with spikes*. em *Neural Networks, 2006. IJCNN'06. Conferência Internacional Conjunta sobre*. 2006. IEEE.

42. Pukish, S. e Y. Romanyshyn. *Spike neural networks and their training procedures*. in *CAD Systems in Microelectronics (CADSM), 2011 11th International Conference The Experience of Designing and Application of*. 2011. IEEE.

43. Ghosh-Dastidar, S. e H. Adeli, *Um novo algoritmo de aprendizagem supervisionada para redes neuronais de múltiplos espigões com aplicação na deteção de epilepsia e convulsões*. Neural Networks, 2009. **22**(10) : p. 1419-1431.

44. Ahmed, F.Y., S.M. Shamsuddin, e S.Z.M. Hashim, *SpikeProp melhorado para utilizar a otimização por enxame de partículas*. Problemas Matemáticos em Engenharia, 2013. **2013**.

45. Kasabov, N., et al, *Evolving spiking neural networks for personalised modelling, classification and prediction of spatio-temporal patterns with a case study on stroke*. Neurocomputing, 2014. **134** : p. 269-279.

46. Murli, N., N. Kasabov, e B. Handaga. *Classificação de dados de fMRI na arquitetura evolutiva da NeuCube Spiking Neural Network*. em *Neural Information Processing*. 2014. Springer.

47. Bodyanskiy, Y. e A. Dolotov, *HYBRID SYSTEMS OF COMPUTATIONAL INTELLIGENCE EVOLVED FROM SELF-LEARNING SPIKING NEURAL NETWORK*. Méthodes et instruments de l'intelligence artificielle, 2010 : p. 17.

48. Hamed, et al. *Reconhecimento de padrões de cordas utilizando redes neurais evolutivas e otimização por enxame de partículas de inspiração quântica*. 2009. Springer.

49. Wysoski, S., L. Benuskova, e N. Kasabov, *Aprendizagem em linha com adaptação estrutural numa rede de neurónios com espículas para reconhecimento de padrões visuais*. Artificial Neural Networkss-ICANN 2006, 2006 : p. 61-70.

50. Schliebs, S. e N. Kasabov, *Evolving spiking neural network-a survey*. Evolving Systems, 2013. **4**(2) : p. 87-98.

51. Kasabov, N., *Evolving spiking neural networks and neurogenetic systems for spatio-and spectro-temporal data modelling and pattern recognition*, in *Advances in Computational Intelligence*. 2012, Springer. p. 234-260.

52. Hamed, et al, *String Pattern Recognition Using Evolving Spiking Neural Networks and Quantum Inspired Particle Swarm Optimization*,

em *Neural Information Processing*, C. Leung, M. Lee, and J. Chan, Editors. 2009, Springer Berlin Heidelberg. S. 611-619.

53. Thorpe, S. *Como é que o sistema visual humano pode processar uma cena natural em menos de 150 ms? Experiências e modelos de redes neuronais*. 1997. D-Facto público, ISBN.

54. Marler, R.T. e J.S. Arora, *Survey of multi-objective optimization methods for engineering.* Structural and Multidisciplinary Optimization, 2004. **26**(6) : p. 369395.

55. Yen, G.G. e H. Lu, *Dynamic multiobjective evolutionary algorithm: cell-based adaptive rank and density estimation.* Evolutionary Computation, IEEE Transactions on, 2003. **7**(3) : p. 253-274.

56. Cohon, J.L., *Multiobjective programming and planning (Programação e planeamento multiobjectivo), 1978.* Académico, Nova Iorque, 2010.

57. Steuer, R., *Multi-Criteria Optimization: Theory, Computation and Application. 1986,* Willey, Nova Iorque, 1986.

58. Philipson, R. e A. Ravindran, *Application of goal programming to machinability data optimization.* Zeitschrift für mechanische Konstruktion, 1978. **100**(2) : p. 286-291.

59. Charnes, A. e W.W. Cooper, *Management models and industrial applications of linear programming.* Management Science, 1957. **4**(1) : p. 38-91.

60. Ijiri, Y., *Management objectives and control accounting*. Vol. 3. 1965: North Holland Pub. Co.

61. Abbass, H.A., R. Sarker, e C. Newton. *PDE: uma abordagem de evolução diferencial Pareto-fronteira para problemas de otimização multi-objetivo.* in *Evolutionary Computation, 2001. Actas do Congresso de 2001*. 2001. IEEE.

62. Das, S. e P.N. Suganthan, *Differential evolution: A survey of the state*

*of the art.* Evolutionary Computation, IEEE Transactions on, 2011. **15**(1) : p. 4-31.

63. Schaffer, J.D., *Multiple Objective Optimization with Vetor Evaluated Genetic Algorithms*, in *Proceedings of the 1st International Conference on Genetic Algorithms1985*, L. Erlbaum Associates Inc. p. 93-100.

64. Zitzler, E., M. Laumanns, e S. Bleuler, *A tutorial on evolutionary multiobjective optimization*, em *Metaheuristics for multiobjective optimisation*. 2004, Springer. S. 3-37.

65. Deb, K., et al, *Scalable test problems for evolutionary multiobjective optimization*. 2005: Springer.

66. Qasem, S.N. e S.M. Shamsuddin, *Algoritmo de evolução diferencial de pareto elitista memético baseado em redes de funções de base radial para problemas de classificação.* Applied Soft Computing, 2011. **11**(8) : p. 5565-5581.

67. Mezura-Montes, E., M. Reyes-Sierra, and C.A.C. Coello, *Multi-objective optimization using differential evolution: a survey of the state of the art*, in *Advances in differential evolution*. 2008, Springer. S. 173-196.

68. Geem, Z.W., J.H. Kim, e G. Loganathan, *Um novo algoritmo de otimização heurística: Harmony search.* Simulation, 2001. **76**(2) : p. 60-68.

69. Yang, X.-S., *Harmony search as a metaheuristic algorithm*, em *Music-inspired harmony search algorithm*. 2009, Springer. S. 1-14.

70. Abdolalipour, A. e A. Alibabaee, *Algoritmo de pesquisa harmónica.* Int. J. Acad. Res. Appl. Sci, 2012. **1**(3) : p. 13-16.

71. Moh'd Alia, O. e R. Mandava, *As variantes do algoritmo de pesquisa de harmonia: uma visão geral.* Revista de Inteligência Artificial, 2011.

**36**(1) : p. 49-68.

72. Lee, K.S. and Z.W. Geem, *A new meta-heuristic algorithm for continuous engineering optimization: harmony search theory and practice.* Métodos Computacionais em Mecânica Aplicada e Engenharia, 2005. **194**(36) : p. 3902-3933.

73. Yang, X.-S., *Harmony search as a metaheuristic algorithm*, em *Music-inspired harmony search algorithm*, Z.W. Geem, Editor. 2009, Springer. S. 1-14.

74. Soltani, M.A.Z., et al, *A Couple of Algorithms for K-Coverage Problem in Visual Sensor Networks.* 2011.

75. Moslehpour, S., *Transmission Network Expansion Planning Based on Hybridization Model of Probabilistic Neural Networks and Harmony Search Algorithm.* 2011.

76. Razfar, M.R., R.F. Zinati, e M. Haghshenas, *Previsão óptima da rugosidade da superfície na fresagem de faces utilizando uma rede neural e um algoritmo de pesquisa de harmonia.* Jornal Internacional de Tecnologia de Fabrico Avançada, 2011. **52**(5-8) : p. 487-495.

77. Moscato, P., *Sobre evolução, pesquisa, otimização, algoritmos genéticos e artes marciais: rumo aos algoritmos meméticos.* Programa de computação simultânea do Caltech, Relatório C3P, 1989. **826** : p. 1989.

78. Neri, F. e C. Cotta, *Algoritmos meméticos e otimização de computação memética: Uma revisão da literatura.* Swarm and Evolutionary Computation, 2012. **2** : p. 1-14.

79. Merz, P. e B. Freisleben. *A comparison between memetic algorithms, tabu search and ant colonies for the quadratic assignment problem.* in *Evolutionary Computation, 1999. CEC 99. Actas do Congresso de 1999.* 1999. IEEE.

80. Elbeltagi, E., T. Hegazy, and D. Grierson, *Comparison among five evolutionarybased optimization algorithms.* Advanced Engineering Computing, 2005. **19**(1) : p. 43-53.

81. Do, K.-A. e C. Ambroise, *Analyzing microarray gene expression data.* Wiley, 2004. **14** : p. 1080-1087.

MIX
Papier aus verantwortungsvollen Quellen
Paper from responsible sources
FSC® C105338

Printed by Books on Demand GmbH, Norderstedt / Germany